BESONDERES KENNZEICHEN: DEUTSCH

Dirk Reinartz
Wolfram Runkel

BESONDERES KENNZEICHEN: DEUTSCH

Sieben
Reportagen

Steidl

1. Auflage Oktober 1990

© Copyright: Steidl Verlag, Göttingen 1990
Alle Rechte, insbesondere das Recht der Vervielfältigung und
Verbreitung, vorbehalten. Kein Teil des Werkes darf in irgendeiner
Form (durch Fotokopie, Mikrofilm oder ein anderes Verfahren)
ohne schriftliche Genehmigung des Verlages reproduziert oder
unter Verwendung elektronischer Systeme verarbeitet,
vervielfältigt oder verbreitet werden.

Schutzumschlag und Buchgestaltung:
Dirk Reinartz und Gerhard Steidl
Gesetzt aus der Bembo der Firma H. Berthold AG Berlin
Satz, Reproduktionen, Druck: Steidl, Göttingen
ISBN 3-88243-156-3

Inhalt

Vorwort 7

Das stille Ende 10

Von Tür zu Tür im Hochhaus 32

Besonderes Kennzeichen: Deutsch 51

Tatort Mümmelmannsberg 75

Deutschland, deine Deutschen 92

Menschen auf Abruf 110

Prinzen, Kölsch und lecker Mädscher 118

Vorwort

Sieben alte ZEITmagazin-Reportagen in einem Buch – was soll das? Ist doch alles gar nicht mehr aktuell, Schnee von gestern. Die Zeiten haben sich geändert, die Menschen auch und die Fakten erst recht – die alten Geschichten sind doch längst überholt ...
Wirklich? Viele wurden nicht überholt (leider). Andere wurden, etwa durch die Wende in der DDR, überrollt und erwachten dadurch zu neuem Leben. Wie alte Bilder beim Familienfest.
Dirk Reinartz und ich haben in den achtziger Jahren gemeinsam 14 Reportagen erlebt (siehe Verzeichnis Seite 163), die, Zufall oder nicht, zusammenpassen wie die einzelnen Songs eines Konzeptalbums. Obwohl sie jedesmal aus einem aktuellen Anlaß recherchiert wurden, kreisen sie immer um den deutschen Alltag, einen Alltag, in dem auch Ausländer eine Rolle spielen. Gelegentlich offenbart sich das deutsche Wesen sogar erst so richtig beim Auftreten anderer Kulturen. Auf die Idee für »Deutschland, deine Deutschen« (Seite 92) kamen wir beispielsweise während der Recherchen für »Deutschland, deine Polen«. Warum immer Deutschland? Dirk: »Wir verstehen das besser, weil wir ein Teil davon sind.« Jedenfalls zieht sich durch die einzelnen Reportagen ein schwarzrotgoldener Faden, der sie gleichsam zu einem Buch bündelt.
Mit der Arbeit an dem Buch haben wir uns zudem einen alten Wunsch erfüllt: Wir wollten nämlich die archivierten Geschichten nicht nur hervorkramen, sondern sie fortschreiben. Wir wollten an die alten Schauplätze zurückkehren und feststellen, wie die Geschichten von damals weitergegangen sind. Was ist aus den Leuten geworden? Wenn sie nicht gestorben sind, wie leben sie heute? Highway 61 Revisited.
Dabei ging es uns nicht nur um eine journalistische Bestandsaufnahme, sondern auch um ein persönliches Wiedersehen. Wir hatten es oft als schmerzlich empfunden, daß wir während der Recherchen intensiv in fremde Leben eindrangen, Privates öffentlich machten und danach diese Menschen stehen ließen wie ausgelesene Bücher im Regal.
Manchmal erschienen uns die alten Geschichten wie Geister der Vergangenheit auf gemeinsamen Reisen, im Auto oder an der Hotelbar: »Was mögen wohl die Poraths machen? Weißt du noch, der Abend mit der türkischen Familie aus Duisburg? Ja, man müßte sich da mal melden.« Man müßte ...
Und jetzt haben wir uns gemeldet. Wir besuchten unsere Helden (und Anti-Helden) und frischten die alten Bekanntschaften wieder auf. Was wir dabei erfahren haben, schildern die Texte, die in diesem Buch an die Reportagen von damals angehängt sind.
Aus unseren 14 Deutschland-Stücken wählten wir sieben aus, die sich besonders gut ergänzen, die zusammenwirken; nicht ein Sammelsurium, sondern eine Sammlung, ein deutsches Familienalbum der achtziger Jahre.
Natürlich hatten wir die Qual der Wahl. Ich hätte zum Beispiel gerne die Rheinhausen-Saga (»Menschen sind nicht aus Stahl«) mitgenommen, aber die dreiteilige Serie über vier Generationen einer Kruppianer-Familie war für dieses Buch schlicht zu lang.
Der Bildband zeigt Dirks Foto-Konzeption ausführlicher, als es im ZEITmagazin möglich war. Vor allem »Das stille Ende« und »Prinzen, Kölsch und lecker Mädscher« werden hier umfassender vorgestellt. Dem Hochhaus in »Von Tür zu Tür...« nähert sich der Betrachter jetzt gleichsam im Zoom eines Films. »Deutschland, deine Deutschen« erscheinen stiller als zuvor mit den knallig bunten Fahnen.
Im Textteil sind außer den schon erwähnten Anhängen (»Acht Jahre später«) die Vorspanne aktualisiert worden. In den Reportagen wurden kleine Redaktionsfehler beseitigt und einige, damals notwendige Kürzungen rückgängig gemacht. In einem Fall, der Passage über Prof. Adalbert Feltz in »Besonderes Kennzeichen: Deutsch«, habe ich einige Mängel ausgebessert, die der Betroffene jetzt bei der »Nachfrage« zu Recht moniert hat – wie es sich für einen deutschen Professor gehört.

Das stille Ende

Es war Anfang der achtziger Jahre, in der Zeit, als zum Wochenende die Städter herausfuhren ins grüne Wendland, um als Augenzeugen die Gorleben-Demonstrationen mitzuerleben und montags am Arbeitsplatz von faszinierenden Abenteuern zu erzählen.
Ein Redaktionskollege hatte bei einem solchen Ausflug das Städtchen Schnackenburg entdeckt. In diesem Ort, einem gespenstischen BRD-Blinddarm inmitten von DDR-Gebiet, so schilderte er es in der Montagskonferenz, sei die »Zeit stehengeblieben«; man könne wie in einem Museum die Bundesrepublik der fünfziger Jahre genießen und gleichzeitig die DDR spüren, ja riechen, ohne sie betreten zu müssen. »Das wär doch 'ne tolle Reportage.«
Als wir ein paar Tage später vor Ort erschienen, waren die fünfziger Jahre reichlich überholt; einzig ein Tante-Emma-Laden (in dem man freilich sogar die »Emma« kaufen konnte), hatte noch altes Mobiliar. Die Straßen aber waren mit modischem Firlefanz möbliert: die Beton-Pflanzcontainer und imitierte alte Straßenlampen der Achtziger. Schnickschnackenburg statt »vergessenes Dorf«. Bei unserem Hamburger Kollegen war offenbar der Wunsch der Vater des Gedankens gewesen.
Da die Hotel- und Gasthäuser des »verlassenen Dorfes« alle belebt waren, wollten wir uns schon frustriert auf die Heimreise nach Hamburg machen, als uns jemand eine alte Kneipe im Vorort Kapern empfahl. Wir waren die einzigen Gäste, und der Wirt erzählte und erzählte: vom Leben und Sterben seiner Familie, seiner Kneipe und seiner Landschaft. Ein deutsches Schicksal in einer Erdnußschale, direkt an der deutschesten aller Grenzen. Beim vierten Bier starrten sich die beiden Reporter elektrisiert an: »Das ist doch ...«, flüsterte der eine, und der andere ergänzte: »... die Geschichte.«
Erschienen am 22. April 1983.

Das stille Ende

Henkersmahlzeit. Otto Porath schüttet das sorgfältig gemischte Fünfkorn-Futter in den Trog, tätschelt den beiden Schweinen den fetten Hals, krault sie an den Ohrlappen und lächelt väterlich. Die Schweine grunzen wohlig, glotzen, vielleicht lächeln sie auch. Otto Porath sagt: »Morgen früh ist Sense, da seid ihr dran, aber das wißt ihr noch nicht.« Zu mir sagt er: »Man darf kein Mitleid haben, sonst sterben sie zu schwer.« Die Schweine fressen gierig ihre letzte Mahlzeit. »Eigentlich sollen sie am Tag vor der Schlachtung nichts mehr haben, damit der Darm nicht so voll ist. Aber sie haben es bei mir immer gut gehabt, sie sollen es bis zum Schluß gut haben.«

Die beiden Vier-Zentner-Prachtexemplare sind die letzten Mohikaner in Bauer Poraths Viehwirtschaft. Nachdem er sich in den letzten Jahren bereits von Pferden und Rindern getrennt hatte, stellt er jetzt auch die Schweinezucht ein. »Es wird alles zuviel.« Der Hof stirbt langsam. Bauer Porath bestellt sein Feld, indem er es abbaut. Er ist 70 Jahre alt, der Letzte einer Familie, die hier seit über zweihundert Jahren Land-, Holz- und Gastwirtschaft betrieb und die jetzt ausstirbt.

Die letzten drei Poraths auf der Bühne

Otto Porath vor seinem Schnackenburg

Otto Poraths Geschichte ist eine deutsche Geschichte, die Geschichte einer Familie, die einst mitten in Deutschland wuchs, blühte und gedieh und jetzt in einem toten Winkel der Bundesrepublik verwelkt, zwischen Gorleben und dem automatischen Todesschußzaun, der deutsch-deutschen Supergrenze, zwischen Atommüll und Minen.

Otto Poraths Hof liegt in Schnackenburg-Kapern, und Schnackenburg ist der letzte Ort in einem Landschaftszipfel, der wie eine Nase in DDR-Gebiet hineinragt. Für die Schnackenburger geht die Sonne hinter dem DDR-Zaun auf und hinter dem DDR-Zaun im Westen unter. Die Grenze bilden teils die Elbe, die in Schnackenburg – aus der DDR kommend – die Bundesrepublik anfließt, teils Waldhaine, Bäche, Gräben, Brücken, hinter denen der selbstschießende Zaun steht. Diese Bundesnase im DDR-Gebiet verdankt seine Existenz dem berühmten Grafen Bernstorff in Gartow. Zunächst sollte bei der Landverteilung nach dem Krieg die Grenze auch hier gerade, wie mit dem Lineal durchgezogen werden. Aber dann hätte der Graf, dem der Zipfel weitgehend gehörte, reichlich Land verloren. Und da er historische Beziehungen zum englischen Königshaus hatte, haben die Briten den Russen diesen Zipfel abgerungen.

Wegen seiner Abseitsstellung verpaßte Schnackenburg den Anschluß an den bundesdeutschen Wirtschaftsaufschwung. In den siebziger Jahren war der Ort beliebtes Reiseziel nostalgisch-wehmütiger Journalisten von *Geo* bis *Newsweek,* die hier die stehengebliebene Zeit auszumachen glaubten. Die *Bild*-Zeitung befand: »Nur Gott hat Schnackenburg nicht vergessen.«

Tatsächlich hatten weder Bund noch Land Niedersachsen die Randstadt vergessen: im Gegenteil. Abermilliarden Mark wurden in die Zonenrandgebiete gepumpt. Und von den Millionen, mit denen neuerdings die deutsche Atomindustrie den ganzen Landkreis Lüchow-Dannenberg umschmeichelt, hat Schnackenburg auch sein Teil schon abgekriegt. »Mit den Atomgeldern von der DWK hat die Stadt eine neue Leichenhalle gebaut«, sagt der alte Porath.

Schnackenburg ist heute ein schmuckes, properes Städtchen. Dank der neuen Straßenpflaster, der modernen Straßenlaternen, der schönen, alten, frisch gestrichenen Bürgerhäuser und dem ausgebauten alten Hafen glänzt der Ort wie eine polierte Miniatur-Hansestadt, oder besser, wie die Kulisse einer Hansestadt.

Und wie funktioniert der Alltag hinter der scheinheilen Außenwelt? Die Nostalgiesucher finden in den alten Krämerläden, die mit ihren hohen Holzschränken und Emailleschildern wie vergrößerte Kinderkaufläden vom Flohmarkt wirken, die Spur einer stehengebliebenen Zeit. Aber diese findet man in vielen abgelegenen bundesdeutschen Orten. Auch die Tatsache, daß die Kinder zur Schule mindestens fünf Kilometer weit, zum Gymnasium 35 Kilometer fahren müssen, daß der

Arzt nur dienstags und donnerstags um 18 Uhr, der Bürgermeister nur mittwochs, der Frisör freitags kommt, ist kein Schnackenburg-Spezifikum.

Selbst Bürgermeister Gerd Dieckmann findet heute: »Die Zeit des Wehklagens ist vorbei.« Zwar seien die Überalterung der Bevölkerung und auch das Fehlen von Industrie und Atommüllanlagen bedauerlich, aber »es läuft«. Immerhin ist der Hafen ein kleines Tor zur Welt (sogar zur DDR). Der hier stationierte Zoll, der nicht nur den Schiffsverkehr zwischen der DDR und Bundesrepublik kontrolliert, sondern gemeinsam mit dem Bundesgrenzschutz die Landgrenze schützt, bietet eine Reihe von Arbeitsplätzen. Die Abwanderung hat nachgelassen, seit einiger Zeit wandern sogar Leute

Ein Teil von Otto Poraths
Grund und Boden ist
Niemandsland
an der DDR-Grenze.
An der Hauptstraße des
Schnackenburger Vororts
Kapern liegt Otto Poraths
220 Jahre altes Anwesen,
Bauernhof und Gasthof mit
Festsaal.

An den Abenden während der
Woche sitzt oft nur ein
einziger Gast bei den
Poraths:
der Knecht vom Nachbarhof,
der hier seine
sechzehn »Schluck« trinkt.
Am Sonntagmorgen
beim Frühschoppen ist
es voller. Dann
kommt auch schon mal
der Bürgermeister vorbei.

Ins Holz nimmt Otto Porath
seine Schwester Erna mit.
Die Stämme der gefällten Bäume
braucht er zum Bau eines Schuppens.

Wenn im Lokal keine Gäste
sind, sitzen die Poraths
im Nebenzimmer und sehen fern.
Otto blättert
in Zeitungen oder rasiert
sich,
während Erna und Lisbeth über
Didi Hallervorden lachen.

aus Hamburg und Berlin zu, in Zweit-, aber auch in Erstwohnungen.
Zudem hat der Bürgermeister einen neuen Fremdenverkehr etabliert: Touristen, die sich über die jüngste deutsche Vergangenheit und Fragen der deutschen Zukunft orientieren wollen, werden hier zum Lokaltermin gebeten. Sie beleben den stillen Ort. Auf dem Marktplatz treffen wir zwei Busladungen gelangweilter Schüler nebst genervten Lehrern aus Neuss im Rheinland, die im Informationszentrum über Deutsch-Deutsches unterrichtet werden.
In der Herberge »Deutsches Haus« finden wir keinen Raum, da alle 16 Betten mit Bundeswehrsoldaten belegt sind, die im zweckentfremdeten alten Schulhaus Woche für Woche in Spezialseminaren Antworten auf die deutschen Fragen erhalten.
Der Tourismus funktioniert. Für Leute freilich, die nur etwas über das Alltagsleben der Schnackenburger erfahren wollen, hat die Stadt keinen Platz. Wir finden keine Unterkunft. Ein mitleidiger Schnackenburger empfiehlt uns schließlich im Ortsteil Kapern einen »Gasthof mit garantiert leeren Betten: Da gibt's selbstgemachten Schinken von naturreinen Schweinen.«
Im Gasthof Porath werden wir begrüßt wie zwei verlorene Söhne, begrüßt vom Vater und zwei Müttern, Otto Porath und seinen beiden Schwestern. Leere Betten gibt's reichlich und leere Stühle in der Wirtsstube. Es gibt auch den berühmten Schinken, Bier und Korn.
Wir sind die einzigen Gäste. Unsere Wirtsleute sind Otto Porath, 70 Jahre alt, und seine beiden Schwestern Erna, 67, und Lisbeth, 60, die Haus und Hof führen. Sie sind die letzten, knorrigen Äste eines alten, sterbenden Stammes. Nachwuchs gibt es nicht mehr. Otto Poraths Sohn Joachim ist ertrunken, seine Frau vom Alkohol vergiftet, sein Bruder und die verlobten Männer der beiden Schwestern sind im Krieg gefallen. Eltern und Freunde sind tot oder leben weit weg, sechs Kilometer »hinter dem Zaun«.
Die drei scheinen selber weit weg zu leben, in der Vergangenheit, die sie nach den Todesfällen in ihrer Familie ordnen. »Das war, als Mutter, nein, das war das Jahr,

bevor meine Frau starb.« Was sie vom Leben heute noch erwarten, ist hauptsächlich das Sterben. Otto Porath: »Es muß alles geregelt sein, alles in Ordnung, wenn Schluß ist.«
Aber es ist noch nicht alles geregelt. Was wird aus dem Gasthof? Dem es jetzt an Gästen, in Zukunft an einem Pächter mangelt. »Die schönen Zeiten sind vorbei«, sagt Otto. »Heute gibt es kein Vergnügen mehr. Früher hatten wir jede Woche ein Vergnügen. Da spielten im großen Saal die ›Goldenen Fünf‹ zum Tanz auf, da tanzten über hundert Gäste im Saal, tanzten und tranken, als wär's zum letzten Mal. Außer all dem Wein und Bier wurden manchmal 130 Flaschen Likör ausgetrunken,

das ging bis Sonntagmorgen. Da bin ich gar nicht mehr ins Bett gegangen. Blau wie ein Auerhahn habe ich die Kühe gemolken und den ganzen Tag gearbeitet. Wir haben nie geklagt.«

»Damals lebten hier in Kapern noch 400 Menschen, und alle waren jung, hatten selber Freunde und Verwandte durch den Krieg und den Zaun verloren. Vielleicht haben sie gerade deshalb so wild gefeiert. Es war ein permanenter Karneval. Heute sind die Leute alt geworden oder gestorben; die jungen Leute ziehen weg von hier.«

Im großen Saal, heute eine riesige Abstellgruft, hängen noch die verstaubten Girlanden vom letzten Vergnügen vor zweieinhalb Jahren, ein absurder Rest vom letzten Schützenfest.

Auf der Bühne stehen noch die Kulissen vom letzten Theaterstück des Dorfensembles, in dem die Poraths mitspielten: »Wenn du noch eine Mutter hast.« Das ist fünf Jahre her.

Außer den Lebenslustigen der fünfziger Jahre und den Hinterbliebenen der achtziger Jahre hat Ottos Saal auch andere Besucher beherbergt. Schützen aus aller Welt. Vor dem Krieg kampierten hier deutsche Soldaten, dann kriegsgefangene Franzosen, die tagsüber auf Ottos Feldern jobbten, während Otto selbst auf dem Felde des Ruhmes robbte. Dann kamen die Amerikaner, und zuletzt wohnten hier wieder achtzig Deutsche für eine Woche: Bundesgrenzschutz.

Den Hintergrund erzählt Otto uns auf einem Ausflug in seinen Wald an der DDR-Grenze. Er fällt Bäume für eine Garage, die er auf dem Hof bauen will. Der Land-/Gast-/Holzwirt ist auch sein eigener Zimmermann und Maurer: »Das mache ich billiger als die Fachleute. Nur die Fugen im Mauerwerk an der Scheune, das war mir zuviel, das hat eine billige Arbeitskraft aus der DDR erledigt, ein Maurer, der hier als Rentner rüberdarf, zehn Mark die Stunde.« Schnackenburger Schwarzarbeit aus der DDR.

Otto fällt Bäume. Sorgfältig sucht er in seinem Wald alte, verkrüppelte, schiefe Kiefern aus. »Da ich sowieso bald sterbe, könnte ich natürlich auch die schönen, geraden Exemplare absägen, ist ja eigentlich egal, aber man will ja alles ordentlich zurücklassen.« Otto grinst.

Auch bei der Holzarbeit spüren wir plötzlich den Widerspruch zwischen den Klageliedern und der fröhlichen Energie, mit der er seine Arbeit wie eh und je verrichtet. Schließlich spannt er uns Reporter in die Arbeit ein: »Könnt ihr mal, während ich säge, diesen Baum darüber drücken, damit er nicht in die Schonung fällt?« Wir legen Kamera und Kugelschreiber weg und drücken – nicht kräftig genug. Ächzend kracht der Baum in die Schonung, zertrümmert den kleinen Schutzzaun. Ottos sonst so verschrumpeltes Gesicht lächelt uns stumm an: »Ein Baum ist kein Bleistift«, sagt er dann weise.

Die guten Stuben werden nur
zum Saubermachen betreten.
Überall an den Wänden
hängen alte Familienfotos.
Über Ottos Bett ein Bild
seines Sohnes Joachim, der im
Hafen von Schnackenburg
ertrunken ist.

Schwester Erna mißt mit dem Zollstock 3,40-Meter-Stücke ab, markiert die Stellen, an denen Otto den Stamm zersägt. Dann schleppt die Frau die Stücke zum Stapel. Die beiden Alten arbeiten mit einer behäbigen Anmut, so effektiv, wie sie es seit fünfzig Jahren machen. Leben sie in der Vergangenheit, oder sind sie einfach jung geblieben?

»Ich muß immer mit 'raus kommen«, sagt Erna Porath. »Auch wenn ich gar nichts tun kann, er braucht mich hier im Wald.« Otto nickt geistesabwesend. Lisbeth ist zu Hause, macht den Haushalt. Wir fahren mit dem Trecker auf Ottos Grundstück an dem DDR-Zaun. »Da vorn, das Niemandsland, das gehört zu meinem Grundstück. Ich darf da nicht mähen. Aber natürlich haben wir auch schon mal einen oder zwei Meter tief ins Niemandsland reingemäht. Ist doch schade ums Gras im Niemandsland.«

Otto Poraths Grundstück reicht bis zu einem Wassergraben, dessen Mittellinie die Grenze markiert. Auf dem Graben schwimmen ruhig zwei Schwäne, wedeln ahnungslos zwischen Ost und West. »Links, der Ort mit dem spitzen Kirchturm – das ist Bömenzien, da haben früher Freunde von mir gewohnt, das war unser Nachbardorf.«

Die Fahrt nach Bömenzien endet an einer kleinen alten Steinbrücke über dem Wassergraben. Zur Zeit steht das DDR-Hoheitszeichen genau in der Mitte auf der Brücke. Otto Porath sagt: »Eine Zeitlang haben die da drüben nachts das Grenzzeichen immer auf unser Ufer montiert. Dann haben unsere Leute es tags wieder auf die Mitte gestellt. Das ging so tagelang. Schließlich kamen 80 BGS-Leute, von denen die Hälfte nachts immer unsere Seite der Brücke bewachte. Das war schön: Die Einheit war bei mir im Saal einquartiert, blieben eine Woche. Da hatten wir guten Umsatz.«

Abends im Gastraum. An der Theke lehnt der Knecht vom Nachbarhof, der hier jeden Abend pünktlich und ordentlich 16 »Schluck« trinkt: Schluck nennt man hier einen Korn. Fräulein Lisbeth, die 60jährige des Trios, steht hinter der Theke, zapft und füllt drei Schluck für die drei Gäste (zwei sind für uns). Irgendwo gibt es einen Knall. Ein Auspuff? Eine Sicherung durchgebrannt? Eine kleine Gasexplosion im Kamin? »Eine

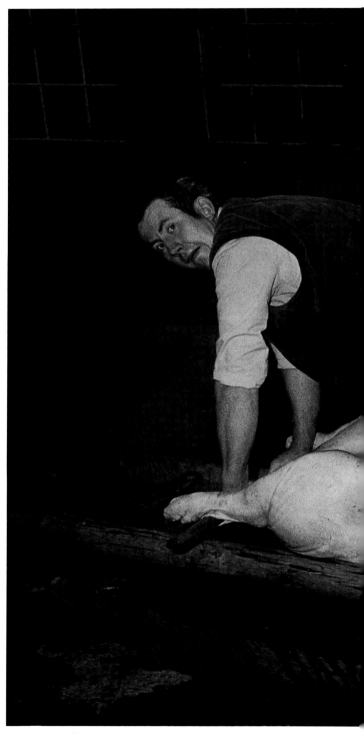

Das letzte Schwein

Während des Schlachtens wird
ständig geputzt.
Nachdem der Tierarzt das
Fleisch freigegeben hat,
kommt eine Nachbarin,
um Erna und Lisbeth bei der
Verwurstung zu helfen.

Mine«, sagt Lisbeth, »hinter dem Zaun.« Jemand ist tot. »Ein Mensch oder ein Wild«, sagt Fräulein Lisbeth. »Drei Schluck, bitte.« Dann fliegt die Tür auf. Drei, vier, fünf Männer, lange Männer in Kampfanzügen, stürmen die Theke. Englische Kampfanzüge. Was ist los? Falkland im Wendland? Die fünf gehören zu einer britischen Paradeeinheit, die schon in Belfast geschossen und vor dem Buckingham-Palast gewacht hat und jetzt zu einer Frontbesichtigung nach Schnackenburg gekommen ist. Die Einheit logiert im Tanzsaal der Nachbarkneipe. Den Soldaten aber ist von ihrem Offizier der Alkohol verboten worden, weil unlängst einige britische Kämpfer betrunken über die Grenze bis an den Zaun mit den Selbstschußanlagen geschlichen waren und die »Mörder da drüben« beschimpft haben. Es gab weder Gewehr- noch Selbstschüsse, es floß kein Blut, aber seither darf in britischem Blut zu Schnackenburg auch kein Alkohol mehr fließen. So schleichen sich ein paar Durstige rüber aus dem trockenen Nachbarlokal zu Otto Porath. Entfernung von der Truppe, Einkehr bei Otto.

Otto schenkt ein. Falten und Runzeln verschieben sich zu einem Ausdruck des Frohsinns. Die dritte Soldatenrunde fließt, Otto hört fasziniert den Gesprächen zu, in denen meist das Wort »fucking« fällt. Otto flüstert: »Was heißt das, das Wort habe ich in der Kriegsgefangenschaft auch immer gehört.«

Wieder fliegt die Tür. Herein marschiert ein bewaffneter Offizier, erschießt die Soldaten mit Blicken und zischt was von »fucking bastards«. Die fünf Helden schleichen sich mit eingezogenen Köpfen. Ein kurzes Vergnügen.

Otto erzählt vom Krieg. Er erinnert sich mit wachsendem Zorn an einen Vorgesetzten, gegen dessen ausdrücklichen Befehl er verletzte Freunde aus dem Gefahrengebiet hinter die eigene Linie holte. Otto erregt sich so, daß Schwester Erna uns bittet, das Thema zu wechseln. Wir tauchen noch tiefer in die Vergangenheit: »Porath ist ein ostpreußischer Name, heißt Berater. Meine Vorfahren waren also Berater für irgendwas. Vor mehreren hundert Jahren kamen sie ins Wendland.«

Noch Ottos Großvater mußte für den Grafen Bernstorff Frondienst leisten, den »Zehnten« zahlen, wofür ihn des Grafen Soldaten vor Überfällen schützten. Heinrich Porath kaufte sich erst vor hundert Jahren mit etwa 60 Mark frei. Heinrichs Sohn Adolf, 1878 geboren, heiratete 1904 seine Frau Marie I, die drei Kindern, Adolf 1908, Otto 1912, Erna 1916, das Leben schenkte. Bei Ernas Geburt starb die Mutter, und Adolf heiratete 1922 Marie II, die 1922 Elisabeth gebar.

In die verlassene Kneipe von 1982 kehrt die Kindheit der jungen Poraths zurück. Bauernleben. Otto erzählt von seinem Teddybär, der irgendwann in den zwanziger Jahren auf den Misthaufen geworfen, mit ins Feld gedüngt und im nächsten Jahr von Otto persönlich beim Pflügen geerntet wurde. Im Familienalbum werden auch die Toten lebendig. Lachende Bräutigame der

beiden Schwestern: gefallen. Bruder Adolf blickt ernst, unbäurisch, in der Hand eine teure Geige statt der Mistgabel; Adolf kam kurz vor Kriegsende noch einmal auf Urlaub. Die Schwestern wollten ihn zu Hause behalten, ihn im Heu verstecken. Aber Adolf hatte Angst vor dem Werwolf und meldet sich zum Dienst, eine Woche bevor die Amerikaner kamen. Er kam nicht zurück. Nur Otto kam zurück. Er übernahm den Hof, den Wald und die Kneipe. Anfangs kamen noch die Russen aus der sowjetisch besetzten Zone auf ein Bier in die Kneipe, als Gäste; aber bald blieben sie weg, wie die Freunde aus Bömenzien und den anderen ausgegrenzten Nachbardörfern. Es kamen die Flüchtlinge. Es begann die Zeit der dauernden Vergnügen in Ottos Saal.

Auf einem Vergnügen entdeckte Otto auch seine Frau Margarete, die er 1947 heiratete; 1948 wurde Sohn Joachim geboren. Ottos Schwestern fanden keine neuen Männer, aber die Vergnügen machten trotzdem Spaß. Allen ging es gold, und alle waren glücklich. Und wenn sie nicht gestorben sind...
Fast alle sind gestorben. Ottos Eltern starben; seine Frau steckte sich im Rausch selbst in Brand. Der Sohn, der Hoferbe, ertrank nach durchzechter Nacht bei morgendlichem Schwimmen im Schnackenburger Hafen. Pfingsten 1971.
Der Schock war für Otto so groß, daß er sich sofort den Alkohol abgewöhnte. Das Ende der Porath-Dynastie war in Sicht. Die Bevölkerung in Kapern sank von rund 400 auf 170, die Gäste wurden knapp. Die Kaperner wurden auch arm. Einst hatte jede Familie zumindest ein paar Morgen und ein oder zwei Stück Vieh. Heute gibt es nur noch fünf aktive Landwirte in Kapern, die anderen haben ihr Vieh geschlachtet, ihr Land verpachtet an einige Großbauern, die in Schnackenburg Grundstücke kaufen und pachten wie die Ewings.
Ein einsamer Gast hat sich am Nebentisch niedergelassen: ein etwas zurückgebliebener junger Mann, der wie seine zehn Geschwister in einem Heim in Niedersachsen aufwuchs. Er ist für 200 Mark monatlich Knecht bei Gerd Dieckmann, Schnackenburgs Bürgermeister und erfolgreichster Landnehmer in der Gemeinde.
Der Knecht ist Ottos letzter Stammgast.
Einen unerwarteten Gästeboom von jungen Leuten erlebte Otto Porath noch einmal Ende der siebziger Jahre, als Jugendliche aus dem ganzen Land gegen die Atomisierungspläne im nahen Gorleben demonstrierten. Otto Porath, immer hautnah an den aktuellen Problemen der deutschen Gegenwart, erlebte auch die Kernenergiedebatte im eigenen Haus. Aber die Demonstranten, die sich bei ihm stärkten, überzeugten ihn nicht: »Die wollten nicht bezahlen. Die sagten: ›Wir beschützen dich hier vor der Atombestrahlung, dann gib uns umsonst zu essen!‹«
So verlor Otto den Respekt vor den KKW-Gegnern. In dieser Gegend sind über der Kernfrage inzwischen Nachbarn und Freunde zu Todfeinden geworden. »Selbst auf der Beerdigung«, so erzählt Otto Porath, »kommen einige alte Freunde des Toten nicht zum letzten Gang, weil sie sich wegen des Atommülls zerstritten hatten.«
Otto erhofft sich von der Kernkraft eine »wirtschaftliche Belebung der Gegend«.
Ein Tanklastzug hält vor der Kneipe. Heizölverkäufer Rathje (CDU), Bürgermeister der Samtgemeinde Gartow, kommt auf einen Gemüseeintopf aus dem unvergifteten Garten ins Lokal. »Du bist für Atomkraft, Otto? Ja, hast du dich denn je informiert über...?« Atomkraft?-Nein-Danke-Argumente schütten Otto zu. Otto ist sprachlos. Noch Stunden nach Rathjes Auftritt schwärmt er: »Das ist ein ganzer Kerl.« Rathje hatte sich sogar mit seinem Ministerpräsidenten

Albrecht in der Atommülldebatte angelegt, ihn auf Widersprüche aufmerksam gemacht. Diese Aktivität erboste den Gartower Pfarrer so sehr, daß er dem Rathje den CDU-Austritt empfahl. Otto hat von den Pfarrern nichts zu fürchten: In Schnackenburg und Kapern gibt es zwei Kirchen, aber keine Pfarrer mehr.
Nach wenigen Tagen haben wir uns in dem Porathschen Haushalt eingelebt, als wären wir Familienmitglieder. Wir halten gleichzeitig mit unseren drei Herbergseltern den Mittagsschlaf von eins bis halb drei, trinken gemeinsam in der Küche Kaffee und sehen gemeinsam das Fernsehprogramm.
Die drei Poraths schlafen in verschiedenen Zimmern, haben sogar verschiedene Wohnzimmer. Otto verfügt

Täglich treffen sich alle drei
nach dem Mittagsschlaf zum
Kaffeetrinken in der Küche,
für die Erna zuständig ist.
Bei den Poraths ist alles genau
eingeteilt. Lisbeth besorgt den
Schankraum, Otto sichert den
Getränkenachschub und
kümmert sich um den Hof.

über die größten Räume; das haben sogar die zwei Frauen akzeptiert. Die Wohnräume der beiden Frauen werden eigentlich nie benutzt, nur zum Putzen betreten. Das Leben spielt sich in der Küche und in den Gasträumen ab. Die alten Wohnräume im Altenteil sind im Stil der fünfziger Jahre eingerichtet. In Ottos Zimmer wachsen Gummibäume, und einige der Leseringbücher stehen auf dem Kopf. In allen Räumen blicken den Besucher die Augen von Joachim an. Auf Fotos geistert er durch die verlassenen Räume.

Freitag vormittag. Wir fahren mit Otto nach Schnackenburg an den Hafen. Es sind kaum Menschen auf den Straßen. Schnackenburg sieht aus wie eine Stummfilmattrappe. Die Kähne tuckern über die Elbe, die grünen Zollboote bewegen sich wie ferngesteuert. Hier, unmittelbar an Europas gefährlichster Grenze, herrscht gellende Ruhe: Friedhofsruhe. Und doch ist Schnackenburg ein lärmender, fröhlicher Ort im Vergleich zu Lütkenwisch gegenüber auf der anderen Elbseite. Dieser Ort ist wirklich verlassen: evakuiert. »Da drüben, im zweiten Haus von links hat ein Freund von mir gewohnt, den habe ich früher oft besucht, mit der Fähre.« Die Fähre liegt auf dem Elbgrund. »Da vorn«, Otto Porath zeigt zum Hafen, »da ist mein Sohn ertrunken.« Wir schweigen.
Am nächsten Morgen wurden die Hühner gefüttert und die Schweine geschlachtet. Uns schmeckte der Schinken nicht mehr. Es war Zeit zu gehen.

Sieben Jahre danach

Als wir sieben Jahre später wieder in Schnackenburg ankommen, hat sich die Welt verändert; Europa und Deutschland sind dabei, sich völlig neu zu regeln, wie Otto Porath sagen würde. Was ist jetzt mit Schnackenburg? Und mit den Poraths? Otto müßte jetzt 78 Jahre alt sein, Erna 75 und Lisbeth 68, wenn sie nicht gestorben sind. Wer führt die Porath-Wirtschaft, die jetzt 280 Jahre alt wäre, wenn...? Wir sind gespannt wie heimkehrende, verlorene Söhne.
Das Haus steht noch. Die Türen sind nicht abgeschlossen. Wir treten ein und erleben einen Schock. Niemand ist in der Gaststube, aber wir haben beide das Gefühl, als wären wir gestern hier gewesen. Es ist alles genauso wie vor sieben Jahren, die Tische, die Stühle, die Theke, der Schrank, die Eistruhe, die Aschenbecher, die Tapeten, der Regalschmuck, die Preistafel. Immerhin: Das Bier ist teurer geworden: 1,30. Aber selbst der Geruch ist geblieben, ein bißchen Bier, ein bißchen Rauch, ein bißchen Bauernstube.
Aber wo sind die Poraths? Viertel nach zwei. Richtig, bis halb drei ist Mittagspause. Dann hören wir Geräusche aus der Küche, Schritte, ein vertrautes Stöhnen. Erna, Otto, Lisbeth. Alle sind wohlauf nach dem Mittagsschläfchen.
Ja, alle gesund, Otto sieht so aus wie 1983, obwohl er gerade zwei Leistenbruchoperationen hinter sich hat. Aber er hält noch immer seinen Wald »in Ordnung«, fällt Bäume, sägt und stapelt Stämme. Ja, die Schonung, in die wir damals den Baum fallen ließen, hat sich erholt, sagt er und steckt sich grinsend eine Zigarette an. Auch Erna raucht noch immer. Ihr tut das Bein weh, Meniskus. Aber auch sie macht noch immer die Betten für die Hausgäste, die hier ihre Sommerferien verbringen. 25 Mark für Bett und Frühstück. »Damals, euer Bericht, der hat einige neue Gäste ins Haus gebracht.« Na, prima.
Lisbeth, die Zapferin, steht bereits wieder rauchend an der richtigen Stelle und zapft. »Ungefähr 30 Liter pro Woche«, alles wie damals. Otto wirft noch immer die Fässer an. Kürzlich gab es sogar mal wieder ein »Vergnügen«, nach vielen Jahren. Ausgerechnet der Bauernverein, der ihm vor 40 Jahren nicht die versprochenen Erbsen für die Suppe kostenlos geliefert und ihm ersatzweise ein »Vergnügen« für das nächste Jahr zugesagt hatte, hat jetzt, 1989, das Versprechen eingelöst. Aber, so Otto, die Leute trinken ja nicht mehr wie früher: 130 Leute, hundert Liter Bier, zehn Flaschen Schnaps, 30 Flaschen Sekt, zehn Flaschen Wein, das ist doch gar nichts.« Die Zeiten werden immer schlechter. Damals, nach dem Krieg, haben die Leute das Drei- bis Vierfache getrunken. »Erzähl doch nicht soviel«, sagt Erna – genau wie bei unserem letzten Besuch. Und Otto knurrt wie damals: »Ich erzähle, was ich will.«
Hat denn die Öffnung der Grenze hier nicht wieder Nachkriegsstimmung hingebracht? »Zwei-, dreimal haben hier ein paar Trabifahrer angehalten, um einen Kaffee zu trinken. Das war alles.« Schnackenburg scheint selbst nach der Wende ein Blinddarm zu bleiben...
Am Grenzübergang nach Bömenzien, wo wir damals mit Otto an »seinem« Niemandsland die Schwäne auf dem geteilten Grenzgraben beobachteten, steht noch immer, fünf Monate nach dem 9. November, ein Bundesgrenzschutzwagen mit aufmerksamen Insassen. Wir schlendern auf der neuen, offenen, fast fertigasphaltierten Straße Richtung Bömenzien, als uns ein NVA-Mann plötzlich aufhält: »Halt. Gehen Sie keinen Schritt weiter, sonst sind Sie in der DDR, und dann kriegen Sie Ärger und ich auch.«
Wir gehen zurück. Abschied von den Poraths. Otto sagt: »Bis zum nächsten Mal. In sieben Jahren.«

Von Tür zu Tür im Hochhaus

Ende des Jahres 1980 gab es eine Serie von Zeitungsmeldungen über gestorbene Menschen, die erst Tage oder Wochen nach ihrem Tod in ihrer Wohnung entdeckt worden waren: Geistertote. Meist alarmierte ein Postbote wegen überfüllter Briefkästen die Polizei. Offensichtlich hatte niemand die Menschen vermißt, insbesondere war ihr Fehlen nicht den Nachbarn im Hochhaus aufgefallen. »Anonymität im Hochhaus«: Schon hatte der Magazinchef ein Thema: »Wolfram, Sie müssen unbedingt ein Hochhaus durchröntgen.« Zunächst sollte ich sogar ein paar Tage in einem leeren Appartement wohnen, »um den richtigen Einblick zu kriegen«. Dieser Plan erwies sich aber als zu aufwendig und kompliziert für das ZEITmagazin; deshalb entschlossen wir uns nach dem ersten Ortstermin, als Bergsteiger von Stock zu Stock, von Tür zu Tür, zum Gipfel im 15. Stock zu wandern.
Erschienen am 20. Februar 1981.

Von Tür zu Tür im Hochhaus

Die Adresse ist Dannerallee Nr. 15, Hamburg-Horn. Das Haus ist ein Quader, Grundfläche 24 mal 32 Meter, Höhe 45 Meter, ein Behälter aus Beton: das Zuhause für 350 Menschen. Sie leben in 144 Wohnungen, auf 16 Etagen. Ein hochgestapeltes Dorf: sozialer Wohnungsbau am Rande einer deutschen Großstadt.
Das Klingel-Board ist groß wie eine Windschutzscheibe und wirkt mit seinen Knöpfen wie ein Mischpult, auf dem man Menschen wie Töne abrufen kann. Die Haustür ist geschlossen. Ich drücke auf vier verschiedene Knöpfe, bevor eine unverständlich verzerrte Stimme aus einem Lautsprecher krächzt. Ich antworte auf gut Glück: »Ich will Sie besuchen.« Eigentlich wollte ich alle besuchen. Ich wollte die Menschen, die hier hausen, näher kennenlernen, wollte erfahren, warum und wie sie hier leben, miteinander, nebeneinander, übereinander. Stimmt es, wie in mehreren Untersuchungen festgestellt worden ist, daß sozusagen mit jedem Stockwerk seelische Einsamkeit, Selbstmordrate und Alkoholismus, in Wohnsilos mit unterschiedlicher Sozialstruktur Vandalismus und Kriminalität zunehmen?

Der trübe, kalte Vorraum mündet in einen hufeisenförmigen Flur, von dem neun Wohnungen abgehen. Ein Treppenhaus und zwei Fahrstühle führen nach oben. Es riecht nach Essen und nassen Windeln. Vormittagszeit; aber hier ist es Mitternacht, dunkel wie in einer Höhle. Nichts zu sehen, dafür um so mehr zu hören: Geräusche von Kindern, Erwachsenen, Kochtöpfen, die Stimme von Peter Alexander, das Zwitschern von Kanarienvögeln, das schier nervtötende Gejaule einer Bohrmaschine.
Ich finde einen Lichtschalter. Wer einen Rundgang hier im Parterre bei Wohnung Nr. 1 (drei Zimmer) beginnt, stößt im Uhrzeigersinn auf eine Einzimmer-, dann auf vier Zweizimmer-, zwei weitere Einzimmerwohnungen und erreicht schließlich bei Nr. 9 die zweite Dreizimmerwohnung. Das Ganze sechzehnmal aufeinandergeschichtet ergibt das Haus Dannerallee Nr. 15, entsprechend ist die Mieter-Struktur: In den 48 Einzimmer-Appartements (36 Quadratmeter, Kaltmiete 225 Mark) leben Alleinstehende, meist weiblich, älter; in den Zweizimmer-Wohnungen (60 Quadratmeter, Kaltmiete 370 Mark) meist Paare oder »Restfamilien«: Mütter mit Kindern, ohne Mann. In den Dreizimmerwohnungen (74 Quadratmeter, Kaltmiete 460 Mark) leben Familien mit mehreren Kindern.
In Wohnung Nr. 1 bleibt mein Klingeln ohne Antwort. Bei Nr. 2 hat jemand »WC« an die Tür gemalt. Eine Frau öffnet, hört sich an, wer ich bin und was ich von ihr erfahren will, und sagt dann hinter der Sicherheitskette nur: »Ich lebe hier ganz für mich.« Bei Nr. 3 geht die Klingel nicht. In Nr. 4 brennt Licht, aber niemand macht auf. Nr. 5, eine Jugoslawin: »Ich fühle mich hier ganz wohl.« Mehr will auch sie nicht sagen.
Auf Tür Nr. 6 steht kein Name, aber es öffnet eine Frau und erzählt, ohne sich hinter der Sicherheitskette zu verschanzen: »Hier ist alles so stur. Früher wohnte ich in einem kleinen Dorf. Da kannte jeder jeden. Hier kennt keiner keinen.« Immerhin, falls ihr mal am Sonntag das Salz ausginge, würde sie bei Nr. 7, »aber nur da«, um eine Leihprise bitten. Heute hätte sie dort kein Glück, denn Nr. 7 öffnet nicht. Bei Nr. 8 verdunkelt sich der »Spion«, aber die Tür bleibt zu. Nr. 9 ist eine Türkenfamilie: »Kein Deutsch.«

In den 144 Wohnungen des Hauses Dannerallee 15 wohnen 350 Menschen in Ein-, Zwei- und Dreizimmerwohnungen, Wohnfläche zwischen 36 und 74 Quadratmeter. Das 15 Stockwerke hohe Haus steht auf einer Grundfläche von 24 mal 32 Metern und ist 45 Meter hoch.

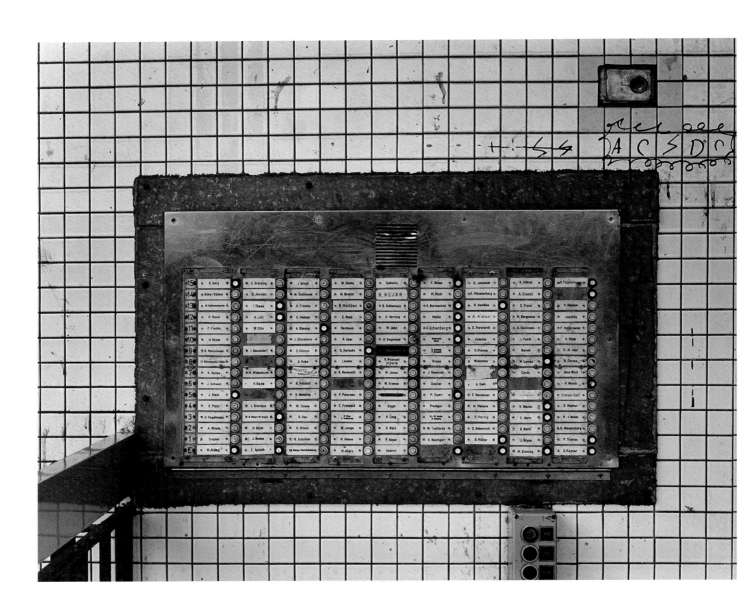

Wie sich später herausstellte, ist das Erdgeschoß keineswegs typisch für das gesamte Haus. Das meiste Entgegenkommen erlebte ich in den mittleren Etagen, die stärkste Ablehnung ganz oben im 12. bis 15. Stockwerk. Insgesamt blieben mir bei meinem Aufstieg in das Hochhaus von den 144 Türen 74 verschlossen (obwohl in sechs Fällen offensichtlich jemand zu Hause war; ich hörte Geräusche oder sah den Blick durch den Spion), 14mal wurde die Tür geöffnet und nach einem rüden Wort sofort wieder zugeschlagen; viermal sprach der Mieter kein Deutsch; zehnmal kam ein Gespräch durch den Türspalt bei eingelegter Sicherheitskette zustande, neunzehnmal ohne Kette; zwölfmal wurde ich nach anfänglichem Mißtrauen hereingebeten, um die Unterhaltung im Sitzen fortzusetzen; dreimal wurde mir sogar etwas zum Trinken angeboten: von afghanischen Asylanten ein Kaffee, von polnischen Aussiedlern ein Korn, von Frau K. aus Riga, die gerade mit zwei Seniorinnen ihren 68. Geburtstag feierte, ein Weinbrand.

Die Mieter sind in Alter, Nationalität (knapp 20 Prozent sind Ausländer aus zehn Nationen), Religion und Herkunft eine höchst gemischte Gesellschaft. Gemeinsam ist ihnen nur eines: Sie waren, ehe sie hier einzogen, in Wohnungsnot. Das Hochhaus gehört der »Gemeinnützigen Siedlungsaktiengesellschaft Hamburg« (SAGA), die ihre Mieter von der Wohnungsabteilung des Hamburger Einwohnermeldeamtes zugewiesen bekommt. Einzugsberechtigt sind nur Mieter, deren Einkommen das gesetzliche Limit für den Sozialen Wohnungsbau nicht überschreitet und denen zudem eine besondere Dringlichkeitsstufe zugebilligt wird, genannt »Vergabevoraussetzung«: »Dringlichkeitsfälle, die nach ihren persönlichen und wirtschaftlichen Verhältnissen nicht in der Lage sind, auf dem freien Wohnungsmarkt angemessenen Wohnraum zu finden.«

Als das Haus Dannerallee 15 vor rund zwölf Jahren fertiggestellt wurde, zogen hier Geschädigte der Flut von 1962 ein, außerdem Verdrängte aus den Hamburger Sanierungsgebieten in St. Pauli und Altona. Von den Erstbeziehern lebt heute nur noch etwa ein Viertel hier, davon auch einige, denen eigentlich keine Sozialwohnung mehr zustünde. Der Hausgemeinschaft sind inzwischen auch sogenannte »Wohnunfähige« zugewiesen worden. Das sind Menschen, die »nicht fähig sind, in einer Wohnung und Nachbarschaft angemessen zu leben« (SAGA-Sprecher). »Sie trinken, lärmen, prügeln, schlampen.« Diese Mieter leben in einem verhängnisvollen Kreislauf: Kündigung, Räumung, Sozialamt, Einweisung in eine primitive Übergangsunterkunft, schließlich wieder Einweisung in eine Sozialwohnung. Die SAGA: »Wir müssen höllisch aufpassen, daß in keinem Gebäude ein Übergewicht an Wohnunfähigen entsteht, sonst kann uns plötzlich das ganze Haus umkippen.«

Dannerallee 15 müßte stabil stehen: Nur zwei bis drei Fälle rechnet Hausverwalter Bauseneick zur »wohnunfähigen Kategorie«. Manche Mieter sehen das freilich anders. Im Fahrstuhl steht fett zu lesen: »In diesem Haus wohnt nur asoziales Pack.«

Wer kann so einen Satz geschrieben haben? In diesem Haus wohnen laut SAGA überwiegend Arbeiter, ein paar Beamte und Angestellte, viele Rentnerinnen, Sekretärinnen, eine Krankenschwester und nicht wenige alleinstehende Frauen mit ihren Kindern. Es gibt Sozialhilfeempfänger ebenso wie ein Ehepaar, das sich ein Wochenende auf dem eigenen Boot leisten kann. Schon angesichts dieser sozialen Mixtur können Konflikte nicht ausbleiben.

»Natürlich schafft die sogenannte Mischbelegung große Probleme«, aber, so meinen die Sozialpsychologen der SAGA, habe, von alltäglichen Reibereien einmal abgesehen, das Zusammenwohnen heterogener Menschengruppen durchaus sein Gutes. Es sei intensiver und lebendiger. Unter anderem wird deshalb die Dannerallee auch bis zu 20 Prozent mit Ausländern belegt, ein Verfahren, das freilich den meisten deutschen Mitbewohnern ebenso mißfällt wie dem Hausverwalter Bauseneick: »Andere Mentalität und andere Essensgerüche fördern zusätzliche Spannungen.«

Nicht nur die SAGA und Soziologen sind gegen eine Getto-Belegung, sondern auch der zuständige Pastor, die Polizei und die Wohnungsbehörden. Pastor Wendorff: »Zwar fördern die Mischhäuser Konflikte. Aber Konflikte fördern Kontakte und sind daher gesünder

als die problemlose Anonymität (wie sie in den ›besseren‹ Hochhäusern zu beobachten ist).«
Normalerweise laufen Konflikte zunächst über den Hausverwalter; wenn der nicht Frieden stiften kann, wird die kaufmännische Abteilung der SAGA eingeschaltet. Als dritte Instanz tritt schließlich die Mannschaft der SAGA-eigenen Sozialarbeiter, achtzehn an der Zahl, in Erscheinung, ausgebildete Psychologen und Pädagogen, die schon häufig nicht nur einen Streit geschlichtet, sondern »sogar dauerhafte freundschaftliche Kontakte« in den unheimlichen Wohnungen hergestellt haben.
Trotzdem haben sich in den unteren zwei Stockwerken drei Familien wegen der Benutzungstermine der für jeweils zwei Etagen installierten Waschmaschinen so zerstritten, daß sie nur noch über Rechtsanwälte miteinander reden. Viele Bewohner lehnen denn auch die soziologisch gewünschte Mischbelegung ab und würden eine häusliche Trennung von »solchen und solchen« bevorzugen. Viele treibt die Angst vor dem Klassenunterschied erst recht in die eigenen vier Wände, die sie um so liebevoller pflegen (»Die Wohnungen selbst sind ja schön«), während sie das Haus hassen. Hier stellt sich auch die Frage, ob nicht viele Streitereien zwischen den Mietparteien eher Ersatzkriege sind, Proteste und Aggressionen, die sich in Wahrheit gegen das Haus selbst (»und seine Bau-Gewinnler«) richten. Dieses Ungetüm, das schon äußerlich eine gigantische Respektlosigkeit gegen die Umwelt dokumentiert, in die es häßlich und hemmungslos reinklotzt, offenbart im Inneren eine geradezu abgrundtiefe Verachtung gegenüber den Bewohnern.
Das Treppenhaus ist ein Bunker-Betonschacht, eiskalt, nackt, grau und leer wie ein Schwimmbassin ohne Wasser. Wegen der Feuergefahr darf es nichts Brennbares geben, wegen der Kindergefahr nichts Zerstörbares. Aber gerade diese Unzerstörbarkeit scheint zu Destruktivität, sogenanntem Vandalismus, aufzufordern. Die Menschenverachtung wird durch Sachverachtung beantwortet. Das wenige, das beschädigt werden kann, Lichtschalter, Feuerlöschkästen, ist meist kaputt. Auf dem Boden liegen Zigarettenkippen, Brotreste, Papier und Bierdosen herum. In manchen Ecken riecht es nach Urin, sind die Wände mit Kot beschmiert.
Ansonsten strotzen die grauen Mauern vor Inschriften und Botschaften, meist Haß- oder Liebeserklärungen in Kürzeln. Die Liebe gilt dem HSV oder AC/DC, einer aggressiven Hardrockgruppe. Auch »Kiss« steht da, aber das hat nichts mit Küssen zu tun, gemeint sind ebenfalls Musiker, deren Signum SS-Runen nachempfunden ist. Auch einige wenige persönliche Liebesergüsse gibt es, wie man sie einst in Bäume schnitzte. Ein an die Wand gesprühtes Herz fragt »Andrea + ?« Andrea – sucht sie einen Freund, oder hat sie einen und weiß nur nicht, wie er heißt?
Abends hocken die Jugendlichen (die Älteren sagen: lungern) im Treppenhaus der unteren Stockwerke. Sie rauchen, trinken Bier, knutschen, »liegen manchmal aufeinander«, wie eine Frau im siebten Stock weiß. Eine andere: »Für uns ist das ein Spießrutenlaufen. Die Kinder sind unverschämt, machen keinen Platz und werfen uns obszöne Ausdrücke an den Kopf. Die Mädchen sind noch schlimmer und frecher als die Jungs.« Hochhaus-Spielart der Emanzipation?
Was bleibt den Halbwüchsigen als das »eigene« Treppenhaus? Fußballspielen auf der Hinterhauswiese ist verboten; die Grünanlage wurde zum Teil mit einem Stacheldraht (mit extra-dicken Borsten) umzäunt. Die Imbißstube mit Ausschank im nahen Einkaufszentrum ist meist überfüllt, zudem fehlt es – etwa für die kleine Spielhalle mit den Einarmigen Banditen – den Halbwüchsigen an Taschengeld. Das benachbarte »Haus der Jugend«, mit Bier- und Rauchverbot, Sperrstunde um halb acht, liegt gleich neben einem Übergangswohnheim, das von den meisten Hochhaus-Bewohnern gemieden wird wie die Pest.
Sei es, daß die Jugendlichen wirklich aggressiv sind (ich habe sie eher als gleichgültig, neutral erlebt), sei es, daß die Älteren sich nur durch die Massierung bedroht fühlen: Auch hier existiert der klassische Konflikt zwischen Alt und Jung. Oft hörte ich die Klagen wie: »Wenn bloß die schrecklichen Kinder nicht wären!« Oder: »Ich ziehe bald aus, es kommen immer mehr Kinder und Ausländer.« Und umgekehrt sagen die Jungen: »Hier wäre alles viel geiler, wenn nicht die meckernden

Alten wären.« Die Jugendlichen sind den Älteren nicht nur wegen des Schmutzes und des Lärms, sondern »allein schon wegen ihrer Jugend ein Greuel«. So sieht es der Gemeindepastor Wendorff.

Ein Dauerbrenner im Spannungsfeld der architektonisch zusammengepferchten Menschen ist der Lärm, genauer: die Hellhörigkeit der Wände. Beinahe jeder der Bewohner klagt darüber, daß die Nachbarn akustisch fast wie wandlos »mitleben«, mit ihren Kindern, ihrem Tischrücken, natürlich dem Fernsehprogramm und schließlich ihren Bettgeräuschen. Lärmkonflikte werden meist ohne Verwalter oder Sozialarbeiter gelöst, kurz und bündig: mit dem Besenstiel. Der klavierspielende, elfjährige André, Sohn der Krankenschwester, darf täglich genau eine Viertelstunde üben, danach wird er »zur Ruhe gestoßen«. Manchen Klopfern ist der Besen zu mild. Die Finnenfamilie (Nr. 9, 13. Stock) klagt über eine Eisenstange der Nachbarn unter ihr: »Jedesmal, wenn unser Baby (das gerade laufen lernt) hinfällt, donnern die genau an die Stelle, wo das Baby gerade liegt.«

Oft sind Störenfriede nicht so genau zu orten. Wenn irgendwo eine Bohrmaschine rotiert, dröhnt das ganze Hochhaus, denn so lärmleitend, so eisenhart sind die Wände. Kein Nagel dringt ohne Maschinenhilfe in sie ein. Durchschnittlich alle drei Wochen aber gibt es neuen Zuzug, der neue Nägel in die Wand rammt.

Ich treffe den verzweifelten Vater eines kranken Kindes, der von Etage zu Etage rast und an jeder Tür auf der Suche nach dem anonymen Bohrer lauscht – ohne Erfolg. Eine alte Frau, die sich den ganzen Vorgang in aller Ruhe ansieht, und die ich »Was ist da los?« frage, zischt nur: »Idiot!« Wen sie meint, den Vater, den Lärmer oder mich, werde ich nie erfahren. Denn ohrenbetäubend wie eine U-Bahn donnert in diesem Augenblick etwas durch den Müllschlucker, rasselt eine Ladung Flaschen in die Tiefe.

Auch Nervenbelastungen solcher Art oder Problemmieter können freilich – nach Meinung zynischer Hochhaus-Psychologen – der Isolierung des einzelnen entgegen wirken, weil sich die Betroffenen solidarisieren. So haben sich in einem Stockwerk beispielsweise die Bewohner von Nr. 5 bis 9 zu einem Kaffee- und Bierkränzchen vereinigt, das sich einmal im Monat trifft: Ursprünglich hatte man sich zusammengetan, um einen Einbrecher abzuschrecken – mit dem Erfolg, daß nicht mehr eingebrochen, von da an aber eingeladen wurde.

Den vereinten Haß dreier Etagen, sechs, sieben und acht, zieht beispielsweise die Bewohnerin von Nr. 7 im siebten Stock auf sich. Sie ist Nachbarin von Frau Sanorski, einer adretten Witwe um die Siebzig, Rentnerin, deren staubfreies Heim wie ein Bild aus dem Möbelkatalog wirkt. Vor Nr. 7 aber sieht schon die Fußmatte, in den meisten Fluren das einzige individuelle Zeichen, vergammelt aus. In dem einen Zimmer dahinter hausen die neunzehnjährige Marita Sill, der Vater ihres neun Monate alten, unehelichen Sohnes sowie zwei weitere junge Männer (alle arbeitslos), dazu Katzen, Hunde und ein Papagei. Daß ein solcher Problemfall kaum noch kontrollierbare Aggressionen der Mitbewohner auslöst, läßt sich an dem Umstand ermessen, daß Marita S., obwohl Conterganopfer ohne Arme, auf Mitgefühl nicht zählen kann. Gegrüßt wird ohnehin selten auf den Fluren des Hochhauses, ihr aber ruft man nach: »Keine Arme, aber ein Kind!« Das »Problem Nr. 7,7« wird einfach gelöst: Die Wohnung wird im April geräumt. Was wird aus ihr werden? Schulterzukken im Sozialstaat.

Je weiter ich nach oben steige, desto seltener begegne ich Menschen im Treppenhaus und in den Fluren. Immer seltener wird mir eine Wohnungstür geöffnet. Nun spüre ich, was Anonymität ist, was sie bewirkt. Frau Mielinewski, 13. Stock, sagt: »Ich habe das Gefühl für meinen eigenen Wert verloren. Die Menschen reagieren nicht auf mich.« Frau Hertig: »Mir wird oft schwindelig.« Frau Thiedemann: »Ich lebe auf dem Abstellgleis.« Oder: »Ich habe den Boden unter den Füßen verloren.« Immer wieder: »Bin entwurzelt.« Einige glauben, daß etwas »Erdrückendes«, etwas »Giftiges aus den Wänden strahlt«. Manche fühlen sich herzkrank – durch die Mauern oder die Einsamkeit? Die meisten Mieter hier oben kennen nur einen oder zwei ihrer Nachbarn – vom Sehen.

Manche empfinden das als Vorteil. Rentner Hermann, der angeblich nicht unter Einsamkeit leidet, läßt mich allerdings gar nicht mehr aus seiner Wohnung, zeigt mir Fotobände von seinem früheren Arbeitsplatz, seiner Pensionierungsfeier. »Es gibt viele Frauen«, so erzählt mir später Frau Hopp, »die hier Witwen geworden sind und die mir sagen, sie hätten keine Lust mehr auf Kontakte. Ich sehe sie jeden Morgen unten am Kiosk still ihre tägliche Ration Alkohol kaufen.« (In den unteren, lebendigeren Etagen hingegen bewirkt Alkohol nicht selten nächtliches Türeintreten, Messerstechereien und Schlägereien.)

»Manche Frau hat sich hier schon totgesoffen«, erzählt Frau Hopp weiter. »Bei uns nebenan, in Nr. 8, sind nacheinander drei Frauen gestorben. Ich nenn' das immer die Todeszelle. Eine hat eine Woche lang gelegen. Ich habe es schließlich gemerkt, weil es von der Küche drüben immer so warm rüber kam: Die Herdplatten waren noch an.«

Frau Rindt, Nr. 6, 14. Stock, Versicherungsangestellte, geschieden, Mutter eines sechsjährigen Jungen, hat schon zwei Selbstmorde in direkter Nachbarschaft erlebt. Einmal war es ein junger Mann, der sich in der Badewanne ertränkt hatte und erst zwei Monate später gefunden wurde, als Verwesungsgeruch durch die Abwasserrohre in den 15. Stock drang und die Bewohner alarmierte. Trotzdem will sie keine Kontakte mit den Nachbarn. »Die würden mich nur stören. In einer halben Stunde kommt mein Bekannter.«

Aber auch die Bewohner, die die Anonymität in der Höhe zu schätzen wissen, haben ihre Ängste. Ein Mann hat Feuerangst. Die Feuerwehrleitern reichen nur 22 Meter hoch, bis zum zehnten Stock. Wenn es darüber brennt? Der zuständige Brandmeister beruhigt: »Das Haus entspricht zwar nicht allen heutigen Bedingungen, ist aber sehr sicher.«

Frau Thiedemann, die hier mit zwei kleinen Töchtern als »Restfamilie« wohnt, hat ganz private Höhenangst: »Wenn der Vater der Kinder kommt, betrunken und jähzornig, und mich verprügeln will, dann kann ich nicht mehr wie früher in Altona aus dem Fenster im ersten Stock springen.« Fast alle quält aber die Abhängigkeit von den beiden Fahrstühlen. Der »AUFZUG«, den geschickte Hände in »SAUFZUG« umbenannt haben, ist die Straßenbahn dieser senkrechten Gemeinde, Lebensader und Alptraum zugleich. Oft, ein paarmal pro Woche, bleibt der Aufzug stecken. Eine Frau erzählt von schrecklichen zwei Stunden, die sie mit sieben Menschen in der hängenden Zelle verbracht hat. Bei dem achtjährigen Michael T., Nr. 1, 14. Stock, konzentrieren sich alle Ängste auf dem Fahrstuhl: »Das Haus ist schrecklich. Der Fahrstuhl kann bis in die Hölle hinuntersausen.«

Manchmal bleiben auch beide Aufzüge stehen. Dann müssen Mütter ihre Kinder im Kinderwagen bis zu 300 Stufen rauf- und runtertragen. Der aus Schlesien ausgesiedelte, hier frisch eingesiedelte Herr Bujar, schleppte kürzlich seine Möbel 14 Stockwerke hoch, »weil die Winde kaputt war«.

Ich erreiche den Gipfel. Hier im 15. Stock wird nur noch zweimal die Tür geöffnet. Ganz kurz. Nr. 2, Herr Breitling, »möchte sich nicht äußern«. Herr Oppenhausen, Nr. 9, sagt nur: »Weg, nein, gehen Sie.« Tür zu. Ich bin am Ende des senkrechten Straßenzuges, der Sackgasse nach oben, angelangt. Dead End. Von hier oben kann man nur noch die Aussicht nach unten genießen: Eine richtige Straße mit Menschen, klein wie Ameisen, und hübschen bunten Autos; ein Telefonhäuschen; eine Litfaßsäule; eine Tankstelle; einige Einfamilienhäuser mit Hochspannungsmasten im Garten; etwas weiter weg eine rauschende Autobahn; dahinter nur noch Hochhäuser; geradeaus, links, rechts Hochhäuser. Ganz rechts der achtzehnstöckige Container von Jenfeld. Dort hat eine Mieterin, die jetzt hierhin umgezogen ist, schon zwei Menschen am Küchenfenster vorbeifliegen sehen. Solche Selbstmorde sind in der Dannerallee 15 noch nicht passiert.

Ich beginne mit dem Rückweg nach unten, durch das Treppenhaus.

Dannerallee 15 revisited

Neun Jahre später. Von weitem sieht der verdammte Klotz genauso aus wie damals. Gewaltig, unverrückbar, unzerstörbar, unverschämt. Aus der Nähe fallen allerdings zwei angenehme Veränderungen auf. Die Wiesen, zwischen den vier gleichen Beton-Quadern, die damals mit Stacheldraht eingezäunt und deren »Betreten verboten« war, sind in eine kleine Hügellandschaft mit Kinderspielplätzen verwandelt worden. »Nachbesserung« heißt das im Behördenjargon.

Die zweite Veränderung ist noch sensationeller: Die Hochhäuser bröckeln. An den Balkonen und an vielen der aufgepappten Platten sind schon ganze Betonstücke abgebrochen, so daß man sogar die Eisenverstrebungen im Material sehen kann. Diese Bunker sind also doch nicht unzerstörbar. Der unverwüstliche Beton geht den Regenbach hinunter. Ein Wunder oder die Rache der Natur. Müssen die Häuser demnächst geräumt werden wegen Einsturzgefahr?

An der Haustür gibt es ein neues Klingelbrett. Penibel vergleichen wir die 144 Namen einst und jetzt. 49 sind geblieben in acht Jahren: ein Drittel. Zwei Bewohner blicken auf unser »Guten Morgen« nicht einmal auf. Im Hausflur ist der Gestank aus dem Müllschlucker eher noch etwas penetranter geworden. An einigen Türen kleben Farbkleckser vom letzten Anstrich.

Das Treppenhaus ist nicht mehr grau, sondern gelb, mit schwarzen Sprenkeln, nur vereinzelte Kritzeleien. Eine Hausbesteigung ist langweiliger geworden. Gibt es weniger Jugendliche als vor acht Jahren? Gibt es keinen Nachwuchs mehr? Die Erhaltung ist besser organisiert. Den Fahrstuhl hält beispielsweise eine ältere Bewohnerin sauber, die (gegen einen kleinen SAGA-Obolus) jeden Tag jede neue Beschriftung mit einer Spezialfarbe überpinselt. Die Lichtschalter im Treppenhaus sind jetzt wirklich unzerstörbare Metallstücke.

Wir treffen Herrn Bujar, den ausgesiedelten Schlesier, der damals seine Möbel vierzehn Stockwerke hochtragen mußte, »weil die Winde kaputt war«. Er fühlt sich hier inzwischen wohl. »Man hat eine schöne Aussicht, es ist ruhig, und wir haben mit drei Nachbarn eine Grußbekanntschaft geschlossen.«

Auch die SAGA ist zufrieden. Wegen der Wohnungsnot hat sie hier ein volles Haus. Die Fluktuation ist auf sieben Prozent gesunken, die Preise sind um gut 33 Prozent gestiegen, auf etwa zehn Mark pro Quadratmeter. Auch die Wohnqualität ist gestiegen. Und das Haus selbst? Der bröckelnde Beton? »Der Beton hat sich auch bei anderen Bauten als nicht so stabil erwiesen wie wir gedacht haben«, sagt der SAGA-Sprecher. Und: »Die abbröckelnden Betonplatten werden demnächst erneuert.«

Ja, die SAGA kann zufrieden sein: »Sogar der Wohnungsbauminister Schneider war vor ein paar Jahren hier und hat die Anlage Dannerallee als hervorragend gepriesen.«

Besonderes Kennzeichen: Deutsch

Der Rathaus-Report kommentierte den Vorgang wie eine nach vielen Schwierigkeiten endlich gelungene diplomatische Vermählung: Nach sechzehn Jahren dauernden Bemühungen setzten sich am 24. Oktober 1986 Vertreter der Städte Erlangen und Jena an einen runden Tisch, um eine Städtepartnerschaft zwischen den beiden 150 Kilometer entfernten Orten in Franken und Thüringen vorzubereiten. Ein kleiner Schritt nach dem Projekt »Wandel durch Annäherung«.
In der Redaktion fragten wir uns: Wie nah sind sich die beiden Nachbar-Städte denn nun wirklich? Wie ähnlich oder anders funktioniert der schlichte Alltag, auf der Straße, bei der Arbeit, in der Freizeit?
So beschlossen wir, Vertreter gleicher Berufe in den beiden Städten zu porträtieren, sie erzählen zu lassen und an ihren Arbeitsplätzen zu fotografieren.
Wir stellten den entsprechenden Antrag beim »Internationalen Pressezentrum« in Ostberlin. Nach mehreren Wochen des üblichen Wartens erhielten wir tatsächlich grünes Licht aus der Hauptstadt. Die Zentrale servierte uns eine etwas andere Berufs-Sammlung, als wir sie gewünscht hatten (es fehlten Polizist und Kellner), aber was soll's. Bei langen Rückfragen oder gar Beschwerden konnte einem kurzerhand die ganze Reise gestrichen werden. Wir nahmen die Liste wie einen geschenkten Gaul, dem man nicht ins Maul schaut.
Auch nicht aufs Maul. Wie damals üblich wurde uns ein »Begleiter«, in diesem Fall eine Begleiterin, Frau Gaulrapp (»Merken Sie sich: Gaul und Rappe, ein doppeltes Pferd«), zugeteilt, die uns tatsächlich während der ganzen Woche bei keinem Gespräch von der Seite wich. Selbst bei unseren (zum Teil auch schlechten) Mahlzeiten pries sie die Errungenschaften des Sozialismus gegenüber den kapitalistischen Systemen. Sie wohnte auch im selben Hotel, und Dirk und ich mußten uns nachts heimlich in unseren Zimmern treffen, wenn wir ungestört über unsere Reportage (oder was auch immer) reden wollten. Wir hätten die Dame damals gerne in unsere Berufliste aufgenommen, wenn wir in Erlangen ein Pendant gefunden hätten.

Erlangen

Jena

Besonderes Kennzeichen: Deutsch

Nur wenige »Trabis« krabbeln an diesem frühen Sonnabendmorgen durch das düstere Grün der Ausläufer des Thüringer Waldes. Wir verlassen die Autobahn, eine Schnellstraße führt nach Lobeda, einem Viertel Jenas, gebaut aus realsozialistischen Betonquadern. Mitten auf der für Fußgänger verbotenen Schnellstraße liegt ein einsamer, gutgeputzter Damenschuh, ein Accessoire wie aus einem absurden Agentenfilm. Es ist meine erste Reise in die DDR, und dennoch komme ich mir vor, als sähe ich einen neuen Film, den ich irgendwie schon kenne.

Die ersten Jena-Lobedaner begrüßen uns auf dem »Zentralparkplatz« von Lobeda. Kinder umringen – mit ausgestreckten Händen wie in Indien – den kapitalistischen Wagen. Statt »Hey Mister, want my sister?« kommen sie freilich viel direkter zur Sache: »Habt Ihr was für uns?« Aber sie haben nicht mit Frau Gaulrapp gerechnet, unserer amtlichen »Dolmetscherin«, die ihnen eine Lektion in sozialistischer Disziplin erteilt.

Jena-Lobeda ist selbst ein riesiges Produkt sozialistischer Disziplin. Vor vierzig Jahren war es noch ein stilles Dörfchen. Heute ist es eine gewaltige Trabantenstadt, in der ein Drittel der Bevölkerung Jenas lebt. Hier wohnen drei der sieben Bürger, die wir in Jena kennenlernen wollen, um sie später mit etwa gleichaltrigen Berufskollegen der künftigen Partnerstadt Erlangen zu vergleichen.

Jena und Erlangen: Sie liegen nur 150 Kilometer Luftlinie auseinander. Beide sind alte Universitätsstädte. Beide werden von jeweils einem Industriegiganten beherrscht, Zeiss in Jena, Siemens in Erlangen. In beiden regieren die Sozis; in Jena sowieso, im bayerischen Erlangen hat die SPD die CSU überflügelt. Beide haben ungefähr 100 000 Einwohner, die traditionell ernst, gewissenhaft, streng und evangelisch sind.

Die DDR präsentierte uns für den Berufevergleich einen Busfahrer, einen Feuerwehrmann (statt eines Polizisten), einen Friseur (statt eines Kellners), einen »privaten« Fleischermeister, eine junge Werktätige (statt einer Sekretärin), einen Professor, der uns schließlich auch die gewünschte Studentin vermittelte.

Peter Zorn, Herr über mehr als hundert Läden der »PGH Haarkosmetik« (PGH = Produktionsgenossenschaft des Handwerks), empfängt uns in seinem Salon. Man darf tief durchatmen: Es riecht nicht so penetrant nach Parfüm und Pomade wie im Westen. Dafür hat dieser Salon außer der Shampootheke noch einen richtigen Tresen, an dem es außer Fruchtsäften und Kaffee auch Bier und Korn gibt und an den uns der Barbier von Lobeda gleich einlädt. Der Laden öffnet schon morgens um halb sechs. Dann kommen die Männer und Frauen, die pünktlich und schön bei Zeiss zur Arbeit antreten wollen; aber viele kommen auch nach der Nachtschicht, nicht nur der Haare wegen, sondern um am Tresen die Seele zu frisieren. Peter Zorn über seine Aufgabe im sozialistischen Räderwerk Jenas: »Wir sorgen dafür, daß die Leute in Jena schön sind und sich wohl fühlen.«

Zorn selber sieht aus wie ein besonders gut gekämmter Kranführer, trocken und solide, kein modischer Schnickschnack. Aber für seine Kunden schielt er durchaus auf westliche Kreationen. »Leicht angepunkt« (für fünf Mark) zum Beispiel oder die neue Damenmodefrisur »Claire«, die unter anderem Alexis aus dem Denver-Clan zum Vorbild zu haben scheint. 95 Prozent der Jenenser Köpfe werden von Peter Zorns PGH frisiert. Es gibt nur noch drei private Friseure in Jena. Peter Zorn hofft, daß auch diese bald verschwinden. Kraft seines Amtes als Obermeister kann er verhindern, daß neue Privatbetriebe zugelassen werden, und die alten dürfen nur weiterleben, wenn sie vererbt werden.

Zorn, der 1938 geborene Sproß einer alten Jenaer Friseur-Dynastie, ging 1953 in die Lehre, übernahm 1958 den damals noch elterlichen Laden. »Ich hatte keine andere Wahl«, sagt er. Im selben Jahr, als der Vater sich entschloß, in die PGH einzutreten, machte der Sohn den Meister – und schwamm fortan auf einer Dauerwelle des Erfolges. Er heiratete eine Kundin, konsta-

Georg Hopp,
Brandoberamts-
rat (West),
57 Jahre alt.
»Der Beruf ist
mein Hobby.«

Jürgen Kilian,
Feuerwehr-
meister (Ost),
45 Jahre alt.
»In der Freizeit
bin ich
Freiwilliger.«

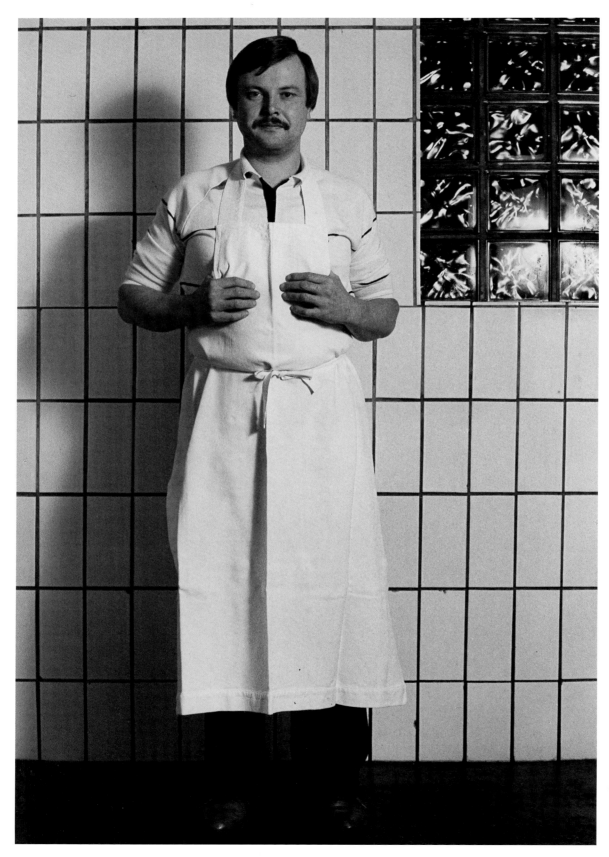

Hans Tschernich,
Metzgermeister
(West),
37 Jahre alt.
»Dieser Beruf war
ein gefundenes
Fressen für mich.«

Erhard Petersohn,
Fleischermeister
(Ost),
46 Jahre alt.
»Die Fleischer
haben immer die
größten Autos.«

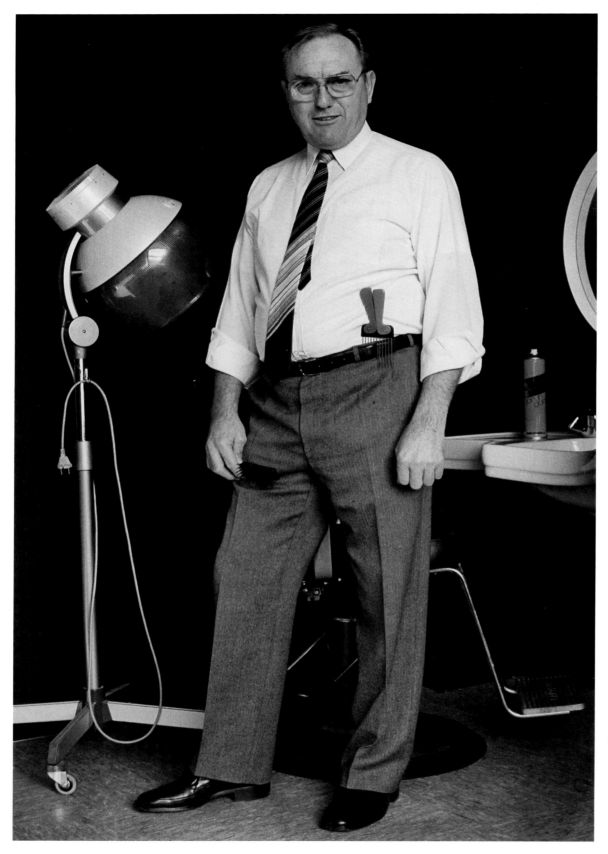

Adolf Hannberger, Friseurobermeister (West), 51 Jahre alt. »Friseurkunst ist Ausdruck des Zeitgeistes.«

Peter Zorn,
Friseurober-
meister (Ost),
48 Jahre alt.
»Ich verschönere
Jena an seinen
Köpfen.«

Irmgard Keil,
Medizinstudentin
(West),
20 Jahre alt.
»An die Zukunft
will ich noch
nicht soviel
denken.«

Annette Kienert,
Chemiestudentin
(Ost),
23 Jahre alt.
»Lieber eine große
Familie als
den Doktortitel.«

Kurt Geibel,
Chemieprofessor
(West),
55 Jahre alt.
»Politiker können
die Probleme der
Welt nicht lösen.«

Adalbert Feltz,
Chemieprofessor
(Ost),
52 Jahre alt.
»Trotz mancher
Mängel, ich bin
Sozialist.«

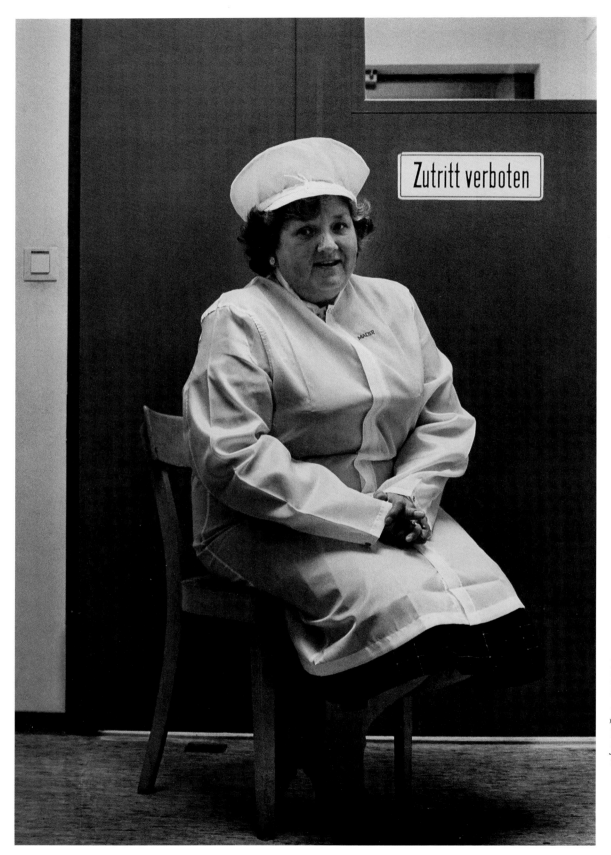

Helga Walter,
Facharbeiterin
(West),
51 Jahre alt.
»Seit 27 Jahren
haben mich
jüngere Männer
überholt.«

Hedwig Ramm,
Facharbeiterin
(Ost),
25 Jahre alt.
»In fünf Jahren
habe ich
beruflich auch
Männer
überholt.«

Günther Zischka,
Busfahrer
(West),
44 Jahre alt.
»In der Freizeit
treibe ich Sport
und fotografiere.«

Horst Kohnert,
Busfahrer
(Ost),
48 Jahre alt.
»In meiner
Freizeit helfe ich
bei der Häuser-
sanierung.«

tierte lebensplanerisch, »daß der damalige PGH-Chef ja bald aufhören müßte«, studierte Psychologie (»sehr wichtig«) und Philosophie, das heißt Marxismus-Leninismus (»auch sehr wichtig«), wurde Parteisekretär – und glänzte mit neuen Ideen. Zum Beispiel entdeckte er die Füße als taugliches und lohnendes Pflegeobjekt, erweiterte die Dienstleistungen auf Maniküre und Pediküre, pflegte nun die Kunden von der Locke bis zur Socke.
Besser: ließ sie pflegen, denn bald war er nicht mehr nur ausgelastet, sondern überbelastet mit Organisation und Bürokratie. Zehn Stunden täglich pflegt er die Genossenschaft. Zum Haareschneiden kommt er nicht mehr, Freizeit muß er kleinschreiben. Zum Ausruhen bleibt nur das Wochenende, und das verbringt er in seiner »Datscha«, um ein bißchen zu lesen (polnische Science-fiction-Romane), fernzusehen (auch West), ein bißchen im Garten zu arbeiten, ein bißchen zu joggen. »Meine Frau sagt schon Dickerchen zu mir.«
Zorn klagt nicht, er plaudert, gibt sich jovial, doch die Botschaft könnte auch die eines seinen Erfolg halb bedauernden, halb feiernden westlichen Kollegen sein: Der hat nun sein Leben lang fleißig gearbeitet, ist nach oben gekommen, aber nun bleibt kaum Zeit, die Früchte zu genießen.

Unser zweiter Mann ist für den Kreislauf der Stadt zuständig: Busfahrer Horst Kohnert, so alt wie der Friseur Zorn, fährt seit 25 Jahren vor allem die Arbeiter von Zeiss zur Schicht und nach Hause. Seine Sternstunde ist nachts um eins, wenn bei Zeiss die Schicht wechselt und die Stadt zu einer hupenden und bimmelnden Rush-hour erwacht.
Als Leiter der Fritz-Hecker-Brigade und Aktivist, als mehrfacher Held der Arbeit – er hat in 5500 Schichten über eine Million Autobuskilometer gefahren – ist sein oberstes Gebot: »Pünktlichkeit, damit in den Betrieben keine Verluste entstehen.« Ansonsten liegen ihm die Bequemlichkeit der Gäste (»Man fährt ja keinen Kies«) sowie das Energiesparen am Herzen. Hart geht der Brigadier mit Fahrern ins Gericht, die durch zu schnelles »Bretzeln« unnötig viel Kraftstoff verschwenden.

Ganz nebenbei preist er uns die Vorzüge des sozialistischen Systems und gibt uns diskrete Hinweise auf das Fehlen von Arbeitslosigkeit und anderen westlichen Übeln. Er erzählt uns auch viel über seine Familie und seinen Urlaub, den er meist in den betriebseigenen Ferienheimen, einmal sogar in der Sowjetunion verbringen durfte. Nur über seine Zeit als Soldat bei der NVA verrät er uns nichts, nicht einmal seinen Dienstgrad.
Freizeit kannte der gelernte Tischler bis vor kurzem kaum, der eigenhändig Häuser baute, um die Wohnungsnot in Jena zu beheben, auch er ist ein Musterbeispiel an Fleiß und Strebsamkeit, urdeutsch.

Die Aufopferung für den Beruf und das allgemeine Wohlergehen führt uns Frau Gaulrapp bei einem weiteren Paradebeispiel vor. Feuerwehrmann Jürgen Kilian, ein gelernter Elektriker, leitete bei dem Chemiewerk Jenapharm eine Reparaturbrigade, die überall Pannen beseitigt, bevor schwere Schäden für den volkseigenen Betrieb entstehen. Privat ist er Chef der Freiwilligen Feuerwehr, als der er dann ganz Jena vor Katastrophen schützt. Sein Engagement für Volk und Partei kostete ihn so viel Zeit, daß er darüber auch seine erste Frau verlor. Seine zweite Frau leidet weniger unter dem Eifer ihres Gatten. Sie arbeitet als Krankenschwester. Das gemeinsame Einkommen langt für ein Einfamilienhaus am Stadtrand. Im Garten, was könnte praktischer sein, pflanzt der Feuerwehrmann Kartoffeln für die berühmten Thüringer Klöße, die er auch selber kocht.

Vielleicht ist Marlies Göhr, zeitweilig auf der Strecke von hundert Metern schnellste Frau der Welt, inzwischen bekannter als die Produkte des Kombinats VEB Carl Zeiss, dem zumindest in der westlichen Welt das westdeutsche Nachfolgewerk in Oberkochen den Rang abgelaufen hat. Sie versteht sich als Botschafterin ihrer Stadt, die in der ganzen Welt, von Dallas bis Stuttgart das Tempo und die Energie Jenas personifiziert. Doch den Rhythmus und die Optik der Stadt bestimmt immer noch Zeiss, zusammen mit den beiden Nichten, dem Jenaer Glaswerk (ehemals Schott & Gen.) und der

VEB Jenapharm, ein Chemiewerk, das auch die Bundesrepublik mit Arzneien beliefert und in dem wir die 25jährige Ampullierin Hedwig Ramm treffen. Sie kam als Lehrling aus dem Norden der Republik, blieb danach wegen eines jungen Mannes hier. Jetzt ist sie bereits Gruppenleiterin und lernt zur Zeit in Theorie und Praxis die Voraussetzungen zu einer großen Führungsaufgabe. Sie wird demnächst heiraten, ein Kind kriegen, sich diesem ein Babyjahr lang widmen, danach aber die Karriere fortsetzen. Wie alle anderen unserer Muster-Jenaer schenkt auch sie ihre Freizeit dem Fortschritt der Stadt: Als Stadtverordnete und Aktivistin der Nationalen Front kümmert sie sich um die Wohnungsnöte ihrer Nachbarn. Denn das Wohnen ist das Problem Nummer eins in dem blühenden Ort. Zwar hat man ein Drittel der Bevölkerung in der »Regal«-Vorstadt Lobeda untergebracht, aber in der schönen Altstadt von Jena regnet es immer noch durch manches Dach hindurch.

Den Bewohnern und auch den devisenbringenden Touristen zuliebe wird zur Zeit die Altstadt rundum restauriert. Die Planer bedauern inzwischen, den Kern, die alte Kloster- und Universitätsanlage abgerissen zu haben, um den neuen, gewaltigen Universitäts-Rundturm zu bauen: jenes neue Wahrzeichen der Stadt, den »penis jenensis«.

Die Alma mater, die früher in dem Kommers-Lied »Ja, in Jene lebt sich's bene« besungen wurde, spielt auch heute noch eine überragende Rolle. Professor Adalbert Feltz, Leiter der Chemiesektion der Friedrich-Schiller-Universität, empfängt uns in seinem Sektions-Zimmer und hält uns zunächst eine fachfremde, aber interessante Vorlesung über die Geschichte Jenas sowie über das Zusammenwirken der Universität und der »Produktivkräfte« (wie beispielsweise Zeiss) seit dem Mittelalter. Vermutlich hat er schnell erkannt, daß wir das besser verstehen als sein Fachgebiet »Festkörperchemie«.

Jedenfalls ist seine Zusammenarbeit mit der ansässigen Chemie-Industrie keineswegs eine Errungenschaft des real existierenden Sozialismus, sondern eine alte Tradition. Aber der Professor ist Sozialist. Hat er seine rasante Karriere, Professor mit 34, eher seinen wissenschaftlichen Leistungen zu verdanken oder seinem gesellschaftlichen Engagement in Gewerkschaft und Partei, der er 1960 beitrat? »Das hat mich noch nie jemand gefragt«, sagt er und meint nach einigem Nachdenken: »Wohl beidem im gleichen Maße.« Für ihn ist seine berufliche Arbeit immer auch der gesellschaftlichen Entwicklung verpflichtet. »Darum lernt ja bei uns auch jeder Marxismus-Leninismus in der Schule«, wie unser Friseur, unser Busfahrer, unsere Ampullierin. In der Verantwortung gegenüber der Gesellschaft sieht der Professor auch den entscheidenden Unterschied zu seinen Kollegen in der Bundesrepublik, die der Experte für Festkörperchemie (eines seiner Bücher wurde bereits ins Englische übersetzt) auf mehreren wissenschaftlichen Reisen in der BRD besucht hat. »Die Kollegen drüben haben sicher die bessere technische Ausstattung, aber für sie ist der Staat etwas Imaginäres, etwas Auszunutzendes.«

In privaten Diskussionen bei den Kollegen drüben stieß er immer auf Unverständnis, ja auf Feindschaft, wenn er seinen Standpunkt vertrat, »wenn ich unser Gesellschaftssystem – trotz aller Mängel und Fehler – verteidigte«. Nur selten, wenn er »etwa klarmachen konnte, daß die westliche Gesellschaft kein Konzept gegen die Arbeitslosigkeit« habe, begannen einige, nachzudenken. Zu einem schweren Eklat kam es einmal an einem Abend mit westdeutschen Chemikern, als er »ganz aus Gewohnheit und ohne böse Absicht« die Bundesrepublik zu »BRD« verkürzte. »Da wurde ich nicht mehr wie ein Gast behandelt.«

Feltz, 1934 in Königsberg als Sohn eines »sehr christlichen Ehepaares« geboren, bekam seine ersten Lektionen in Sozialismus nach dem Krieg durch seinen Vater. Dieser war durch traumatische Kriegserlebnisse und den Verlust der Heimat in Königsberg so erschüttert, daß er, »wie er sich ausdrückte, seinen Glauben durch Wissen ersetzen« wollte und schnell zu einem glühenden Anhänger des Marxismus wurde, dem allein er die Verhinderung künftiger Kriege zutraute. Der Wandel zerstörte die Ehe der Eltern und führte den Sohn 1949 in die FdJ. »Sicher kein Einzelschicksal«, meint Adalbert Feltz heute. Er selbst war zunächst entschieden

gegen die neue Lehre, wurde aber während seines Studiums in Berlin ein eindeutiger Sozialist.
Außer auf seine erfolgreiche Karriere (»Mein Beruf ist zugleich mein Hobby«) ist er vor allem auf seine gelungene, geradezu klassische, deutsche Familie stolz: Vier akademisch ausgebildete Kinder (die Söhne haben sich der Physik und Medizin, die Töchter der klassischen Musik verschrieben) und eine Ehefrau, der »ich alles zu verdanken habe«. Sie hat als ausgebildete Apothekerin auf eine berufliche Karriere verzichtet, um sich ganz ihrem Mann und den Kindern zu widmen – ein in der von notorischem Arbeitskräftemangel geplagten DDR äußerst seltener Fall. Grundsätzlich erwartet der Staat als Gegenleistung für teure Ausbildung den späteren Einsatz des/der Ausgebildeten.
Warum auch immer, im Falle Feltz hat der Staat jedenfalls beide Augen zugedrückt, und, sagt Feltz lächelnd: »Ich glaube, auf der Schule meiner Kinder war die Lehrerin sogar froh, daß da auch mal eine ansprechbare Mutti war.« Plötzlich erinnert er sich an unsere schweigende Dolmetscherin, die mit gespitzten Ohren unser Gespräch verfolgt; er stoppt sein Lachen, sagt: »Naja« und zu ihr gewendet: »Sie verstehen das?« Sie: »Ja, ja.« Er: »Sie haben auch Kinder?« Sie: »Nein, nein.«

Ironischerweise hat eine von des Professors besten Studentinnen, die 23jährige Annette Kienert eine Doktorandenstelle bei Feltz in den Wind geschlagen aus Gründen, die Feltz akzeptieren muß: Die 23jährige, die – wie sehr viele ihre Jenaer Kommilitoninnen – schon verheiratet ist, will nach ihrem Examen im nächsten Jahr eine große Familie (»mit mehr als zwei Kindern«) aufbauen. Sie folgt ihrem Mann, den sie in Jena kennengelernt hat, in das 300 Kilometer ferne Cottbus, wo der Psychologe nach seinem Examen in einem Krankenhaus eingesetzt wurde.
Für Frau Kienert sind schon jetzt ein Arbeitsplatz beim »Synthesewerk Schwarzheide« und eine Wohnung direkt an einer Braunkohlenfabrik reserviert, erzählt die 23jährige mit einem ernsten, verantwortungsbewußten Gesicht, hinter dem schon die Zukunft für ein ganzes Leben ziemlich genau geplant und entschieden ist. Obwohl sie noch ein Studienjahr vor sich hat, scheint sie sich innerlich bereits von Jena »mit der schönen Umgebung« (»ich werde oft Heimweh hierhin haben«) ebenso verabschiedet zu haben wie von ihrer Studentenzeit, aus der die FdJ-Aktivistin die Diskussionsabende in den Jenaer Clubs besonders hervorhebt – und die Solidaritätseinsätze zur Ernte in der Sowjetunion.
Apropos Sowjetunion. Auch sie hofft wie ihr geistiger Vater im real existierenden Chemie-Sozialismus auf die »Dynamik Gorbatschowscher Reformen«.

Immerhin ist auch in der DDR neuerdings etwas mehr Selbständigkeit erlaubt, jedenfalls bei manchen Geschäftsleuten. Die alte, feine Glas- und Porzellanmanufakturhandlung Grimmer führt Gründerenkel Norbert in Kommission für die volkseigene »Handelsorganisation«. Er macht so gute Geschäfte, daß er sich westlich kleiden und einen japanischen Wagen fahren kann.
Noch besser geht es dem privaten Metzgermeister Erhard Petersohn, der in seinem 12-Mann-Betrieb über hundert Sorten Wurst (»ohne Konservierungsmittel«) herstellt und monatlich zusammen mit seiner angestellten Frau etwa soviel verdient wie der Chemiker Professor Feltz: etwa 3 600 Mark brutto, was laut Frau Gaulrapp einem BRD-Netto-Wert von 6 000 DM entspricht. (Für sein Einfamilienhaus zahlt Feltz zum Beispiel nur 164 Mark monatliche Miete.)
Petersohn, der lustigste und redefreudigste all unserer DDR-Gesprächspartner, kennt keine falsche Bescheidenheit: »Zuerst hatten die Metzger die größten Hunde, dann die größten Pferde. Heute haben sie die größten Autos.« Er fährt einen großen Peugeot, den er leider wegen der 100-Stundenkilometer-Beschränkung in der DDR nicht so richtig beschleunigen kann. »Aber vielleicht komme ich mal in die BRD, um über die Autobahn zu brettern.« Bei Petersohn, dem letzten auf unserer Liste, fühlen wir uns schon fast wie im Westen.

Auf der Reise zur künftigen Partnerstadt kommen wir wieder an dem geheimnisvollen Schuh vorbei, der nach Tagen noch immer an derselben Stelle liegt, jetzt aber plattgefahren.

In Erlangen herrscht Verkehrschaos. Die ganze Altstadt ist eine Fußgängerzone, an der die Schnellstraßen unvermittelt haltmachen. Verkehrsregelungen beschäftigen daher seit Jahren das Stadtparlament mehr als irgend etwas anderes. Ansonsten gibt es wenig zu streiten. Sogar die Partnerschaft mit Jena wurde nur von ganz wenigen hartköpfigen CSU-Abgeordneten abgelehnt, die meinen, jeglichen Kontakt »mit dem Unrechtsregime« boykottieren zu müssen.

Das Amt des Oberbürgermeisters hat uns eine Pendant-Liste zu unseren Jenaer Vorbildern zusammengestellt. Eigenartigerweise konnten die Erlanger – wie schon die Jenenser – keine Studentin ausfindig machen. Dabei genügt ein Gang in die Mensa, wo wir Irmgard Keil, eine 20jährige Medizinstudentin, finden.
Die frische, junge Dame, die aus einem gutbürgerlichen Haus in Reutlingen kommt, genießt ihr Studentenleben in vollen Zügen. Im zweiten Semester macht ihr noch alles Spaß: ihr eigenes kleines Zimmer, ihre neue Freiheit, die Notwendigkeit, ohne elterliche Hilfe klarzukommen, die politischen und halbpolitischen Protestaktionen gegen irgendwelche Ungerechtigkeiten, ja, sogar die Vorlesungen. Im Vergleich zu der allerdings drei Jahre älteren Kommilitonin Annette Kienert fällt ihre geradezu teenagerhafte Unbefangenheit auf. Über die Zukunft will sie sich »noch nicht allzu viele Gedanken machen«. Irgendwann wird sie wohl Ärztin sein und wohl auch Ehefrau, aber wie sie das alles zusammenbringt, »das muß man abwarten«.

Wie unsere beiden Studentinnen offenbaren auch unsere beiden Professoren aus Jena und Erlangen krasse Unterschiede in ihrer Weltsicht. Während Adalbert Feltz von der Friedrich-Schiller-Universität die SED und den Marxismus-Leninismus für den großen Friedensgaranten hält, traut Kollege Kurt Geibel, Leiter der Chemischen Fakultät der Friedrich-Alexander-Universität in Erlangen den Politikern überhaupt nicht die Lösung der Probleme dieser Welt zu: »Die können gar nichts machen.« Insbesondere die Parteien, »welcher Couleur auch immer«, und ihre Vertreter, denen immer das Wohl der Partei als das der Allgemeinheit näher steht, hält er geradezu für »gefährlich«. Geibel hat, wie Feltz, als Kind traumatisch den »Terror des Krieges« mit Bomben, Angst und Pistolen erlebt und überlebt. Aber er wurde nicht nur von den Nazis, sondern auch von brutalen amerikanischen Soldaten in Angst und Schrecken versetzt. »Ich habe unter der Macht der Nazis und der Befreier gelitten«, sagt er. Der Wissenschaftler, der in seinem Labor zwischen so starken Magneten arbeitet, daß sich seine Armbanduhr verstellt, hat, wie es sich für einen deutschen Professor gehört, einen Blick für das Grundsätzliche: »Nur ein Bevölkerungsrückgang kann und wird die Probleme auf der Erde lösen.« Soweit die Gegensätze unserer deutsch-deutschen Professoren.

Bei den Arbeiterinnen zeigen sich andere Unterschiede. Die Karriere, die die 25jährige Jenaerin Hedwig Ramm in wenigen Jahren bis zur Gruppenleiterin gebracht hat, blieb der intelligenten Helga Walter mit dem gleichen Grundschulabschluß ein Leben lang versagt. Als 20jährige suchte die gelernte Handschuhmacherin nach einem Schlaganfall ihres Mannes eine Stelle, um die Familie zu ernähren. Aber es hieß immer wieder: »Nein danke. Die Arbeitsplätze sind für die Männer da.« Bei Siemens durfte sie schließlich Drähte für Motorenanker und Wendeln für Röhren drehen, eine Arbeit, die sie jetzt seit 27 Jahren macht. Und 27mal wurde sie von jüngeren männlichen Kollegen überholt.

Insgesamt aber zeigten die Berufskollegen hüben und drüben mehr Gemeinsamkeiten als Unterschiede. Alle sind typisch deutsch geblieben, nehmen ihren Beruf, in dem sie ihren eigentlichen Lebensinhalt sehen, sehr ernst und gewissenhaft, sie sind eher sparsam, ordentlich und treu (im Zweifel mehr dem Arbeitgeber oder der Obrigkeit als dem Lebenspartner). Dabei scheinen die Jenaer das alles noch etwas mehr zu sein als ihre westdeutschen Kollegen. Im Schnitt sind die Westler ein wenig lauter, optimistischer, showbewußter, freilich auch oberflächlicher als ihre Vettern 150 Kilometer entfernt. Diese werden ja auch mehr an der kurzen Leine gehalten, werden mehr bevormundet (obwohl das niemand unserer Kandidaten so wortwörtlich sagte), fühlen sich aber sicherer, geschützter, umsorgter als ihre Kollegen im wilderen Westen. Dementsprechend sorgen sie sich, jedenfalls unsere Kandidaten, auch mehr um den Vater Staat.

Selbst die westlichen Kollegen des Feuerwehrmannes und des Busfahrers, Willy Hopp und Günther Zischka, die ja auch hauptberuflich die Allgemeinheit beschützen und bedienen, nehmen zwar ihre Aufgabe mit großer Gewissenhaftigkeit, Hingabe und (Zeit-)Opferbereitschaft wahr (Hopp: »Mein Beruf ist mein Hobby«), aber ihr Einsatz hat Grenzen. Beide wollen ihre Freizeit nicht auch noch in Solidaritätsbrigaden verbringen. Beide nehmen sich Zeit für individuelle Hobbys und natürlich reisen sie mehr als die Jenaer Vettern. Wunderbarerweise verhalten sich unsere Partner manchmal auch gerade umgekehrt, als es die Ost-West-Schubladen erwarten lassen.

Während der Fleischermeister Erhard Petersohn in Jena seine Delikatessen mit Spaß und Wonne zubereitet und sie, fast hedonistisch, gemeinsam mit den Käufern genießt, liegt seinem Gegenüber Hans Tschernich, in der Hugenottenstadt Erlangen, vor allem daran, »das schlechte Image seiner Innung zu verbessern«. Jetzt hat er Fleischgebinde in Form und Farbe japanischer Blumensteckkunst im Fenster.

Ganz auf japanisch, in einer Kung-Fu-Kampfjacke, empfängt uns auch Erlangens Friseurobermeister Adolf Hannberger. Er ist drei Jahre älter als sein Jenaer Kollege Peter Zorn, etwas schwerer, in jeder Hinsicht. Auch seine Karriere verlief westlicher. Er wurde vom Vater nicht ins Friseurgeschäft gepreßt, sondern in ein Kloster, wo er Priester werden sollte, aus dem er aber eines Nachts mitsamt zweier eingeschmuggelter Mädchen hinausgeworfen wurde.
Nach einigen Lehr- und Wanderjahren in Deutschland und Frankreich zog es ihn in der Heimat zum Friseurberuf – vielleicht, weil er die Menschen lieber äußerlich (statt als Priester innerlich) verschönern wollte, vielleicht, weil ihn die »Bienchen«, die laut Hannberger die meisten Menschen in den Friseusen sehen, so faszinierten.
Jedenfalls machte er eine atemberaubende Karriere; er heiratete, machte 1963 die Meisterprüfung, bekam einen Sohn, baute 1968 sein erstes Haus, eröffnete 1971 ein zweites Geschäft, wurde Innungschef und bekam 1984 einen Herzinfarkt. Seitdem läßt er es etwas langsamer angehen, verbringt der 52jährige seine Tage immer öfter in seinem Wochenendhaus, auf seiner »Ranch«.
Zu ihr bricht er etwa zur gleichen Zeit auf, zu der Peter Zorn in seine »Datscha« fährt.

Nach der Wende

Das Echo auf unseren Deutsch-Deutsch-Vergleich war geteilt wie das Land. In Leserbriefen aus dem Westen wurden mir teils Schönfärberei (des einen wie des anderen Landes), Schwarzweißmalerei, Vorurteile und mangelnde Sensibilität vorgeworfen. Im Osten herrschte das gesammelte Schweigen. Die Belegexemplare hatten wir nicht an unsere Interview-Partner schicken dürfen, sondern an die »Internationale Pressezentrale« in Ostberlin, die die Texte an die Betroffenen weiterleiten wollte.
Dieses geschah natürlich nicht, beziehungsweise mit dreijähriger Verspätung, nach der Wende. Als ich im Februar 1990, drei Jahre nach Erscheinen der Geschichte, und persönlich mit einem Telefonanruf nach Jena durchkam (die Vermittlung dauerte noch einmal mehrere Stunden), hatten Friseur Peter Zorn und Busfahrer Horst Kohnert die Exemplare gerade bekommen. Phantastisch. Auch ein Wunder der Wende.
Peter Zorn hat sich schon umgedreht. »Es ist besser, sich zu wenden, als stur weiter in die falsche Richtung zu rennen«, sagt er frisch. »Jetzt gilt es, mit neuem Mut, die neue Zukunft aufzubauen.« Der Umbau ist bei Zorn, der auch schon aus der SED/PDS ausgetreten ist, schon in vollem Gange, die »PGH Haarkosmetik« soll in eine GmbH Haarkosmetik umorganisiert werden. Wie die Frisuren ähneln sich jetzt auch die Systeme aufs Haar. Noch kostet der einfach Herrenschnitt in seinen 34 Salons 1,35 Mark, Messerschnitt 8,30. Aber das wird auch bald wie in der BRD sein. »Ja, es gibt einige Schwierigkeiten. Einige meiner (425) Leute haben Angst vor der Zukunft, vor Arbeitslosigkeit. Andere konnten es gar nicht abwarten; 1989 haben 70 Leute in den Westen gemacht, in den ersten zwei Monaten von 1990 schon 17.«
Der Jenaer Friseurmeister hat sich inzwischen »die Welt da drüben« angeguckt. Er wurde ausgerechnet von seinem Erlanger Gegenüber, dem Friseur-Obermeister und Innungsvorsitzenden Adolf Hannberger eingeladen. Hannberger hatte schon vor Jahren, nach Erscheinen des Artikels, Briefe an Zorn geschrieben, ohne je eine Antwort zu erhalten. Peter Zorn heute: »Ich habe Antwortbriefe abgeschickt, aber anscheinend hat die der Stasi konfisziert.« Jedenfalls haben sich die beiden Friseure jetzt endlich gefunden. Begeistert sind sie gemeinsam durch die Salons und Saloons von Erlangen gebummelt und haben schon für dieses und das nächste Jahr gemeinsame Frisur-Vorführungen verabredet. Und Peter Zorn, der bisher die Haarschneiderei einfach als »Verschönerung der Menschen meiner Stadt« betrachtete, hat die Friseurkunst wohl jetzt – ganz im Sinne des westlichen Meisters – als »Ausdruck unseres Zeitgeistes« verinnerlicht.
Auch Busfahrer Horst Kohnert, den die Wende auf dem falschen Fuß erwischt hat, hat inzwischen gut die Kurve gekriegt. Seine Stimme, die damals im Interview bei seinem Lob des Sozialismus eher dünn und düster klang, strahlt jetzt, sogar durch die schwachen Telefonleitungen in der DDR – eine unerwartete Kraft und Fröhlichkeit aus. »Die Schweine haben uns 40 Jahre lang verarscht«, sagt er fast mit Genugtuung, »ich bin aus der Partei ausgetreten und wähle DSU.« Das haben die jetzt davon. Seinem neuen Optimismus tut nicht mal die Situation an seinem Arbeitsplatz Abbruch, »wo ich es manchmal nicht leicht habe, wegen meines früheren Engagements«.
Er hat sich inzwischen ebenfalls mit seinem Erlanger Pendant Günther Zischka getroffen – zu gegenseitigen Wochenendbesuchen mit Ehefrauen. In Erlangen hat Zischka seinen Kollegen sogar zum Betriebshof mitgenommen und ihn in einem großen Bus ein paar Runden fahren lassen. »Dagegen sind wir ja im Mittelalter«, kommentiert er am Telefon. Und Frau Zischka litt sogar unter dem Schmerz, den Kohnert auf dem Betriebshof empfand, als er sah, »daß hier gar nichts abgeschlossen ist. Bei uns in Jena wurden sogar die Steuerräder geklaut, aber immer haben sie uns erzählt, daß es drüben im Westen von Dieben und Gangstern nur so wimmelt.« Aber Wende hin, Wende her, ein deutsches Arbeitstier ist Kohnert geblieben. Wie vor drei Jahren arbeitet er in seiner Freizeit nach der Fahrschicht an der Sanierung vergammelter Altstadthäuser.
Auch unsere beiden Feuerwehrleute, Georg Hopp und Jürgen Kilian, haben sich nach mehreren vergeblichen

Versuchen Hopps gefunden und ihre Erfahrungen im Osten und Westen ausgetauscht – mit ähnlichen Resultaten wie die Busfahrer und Haarschneider. Die Fleischerei Petersohn erreichte ich am Telefon, aber der Chef war nicht zu sprechen, weil er gerade, so wie er es sich vor drei Jahren gewünscht hatte, mit seinem Peugeot auf einer westdeutschen Autobahn bretterte.
Die beiden Arbeiterinnen und Studentinnen haben wir nicht wiedergefunden, vermutlich wegen Orts- oder Namenswechsels durch Heirat.
Den Professor Feltz holte ich an einem Sonntag ausgerechnet aus seinem Garten ans Telefon, wo er die deutsche Entwicklung sehr skeptisch und frustriert beurteilte, mir aber die Äußerungen nicht zur Veröffentlichung freigab. Noch kritischer benotete er in der Jena-Reportage die Textpassagen über ihn selbst. Er begründete sein Urteil so überzeugend, daß ich von der Regel – »Keine inhaltlichen Nachverbesserungen der Reportagen« – eine Ausnahme machte und den Teil über Feltz für dieses Buch allein anhand der alten Tonbänder überarbeitete.
Ansonsten: In Jenas Kneipen sitzen wieder Couleur-Studenten: »Ja, in Jene lebt sich's bene.«

Tatort Mümmelmannsberg

Auch in das Hamburger Wohngebirge »Mümmelmannsberg« führten uns Zeitungsmeldungen. Unter der Überschrift »Tod auf der Rollschuhbahn« berichtete im November 1987 das *Hamburger Abendblatt,* bei einem Streit zwischen iranischen und afghanischen Jugendlichen in einer Rollerdisko habe ein 16jähriger Afghane tödliche Stichverletzungen erlitten. Die *Welt* spekulierte über Bandenkriege und überschrieb ihren Bericht: »Den Nachschub liefern Betonhochburgen«. Tatsächlich wohnten Opfer und mehrere Beteiligte in Hamburgs berüchtigter Trabantenstadt »Mümmelmannsberg«. Dieses Wohngebirge war Anfang der siebziger Jahre in einem toten Winkel der Stadt aufgetürmt worden – auf einem hügeligen Feld-, Wald- und Wiesenstück, das schon damals »Mümmelmannsberg« hieß, vermutlich, weil sich hier tatsächlich die Hasen gute Nacht sagten. Seither machte dieser Hamburger Stadtteil immer wieder Schlagzeilen als Ort menschlicher Katastrophen: Hier geschahen Verbrechen aller Art; Drogen- und Alkoholmißbrauch, Exzesse, Vandalismus, Selbstmorde und Familienzusammenbrüche waren an der Tagesordnung. Die notorischen sogenannten Hochhausschicksale. Und jetzt Ausländerbandenkämpfe? Stellvertreterkriege? Mullahs in Mümmelmannsberg?
Erschienen am 18. Dezember 1987.

Tatort Mümmelmannsberg

Wir betreten ferne Welten in Hamburgs nahem Osten. Araber, Asiaten, Afrikaner und vermeintliche Deutsche, die sich mit »Dzień dobry« begrüßen. Ernste Gesichter unter bunten Kopfbedeckungen. Wollmützen, Baseballkappen, Kopftücher, Pelzhüte, Plastikhelme und Punkfrisuren. Die Welt in einer Betonschale. Mümmelmannsberg: knallharte, graue Wohntürme, aufgelockert durch bunte Legobauten im Riesenformat. Das »Bildungszentrum«: ein orangeblaues Raumschiff im Dock. Das »Einkaufszentrum«: eine hohle Fußgängergasse zwischen Hochhäusern. An diesem naßkalten Novembertag sind nur zwei Dutzend von 23 000 potentiellen Passanten hier unterwegs. Es gibt Sparkasse und Supermarkt mit zugeklebten Fenstern; an der Außenwand der Bäckerei steht: »New York-Rio-Mü'berg« – vermutlich die drei heißesten Schmelztiegel unserer Erde.

Zum Einkaufszentrum gehören auch Zeitungskiosk und Buchhandlung, Fleisch-, Fisch- und (türkischer) Gemüseladen, eine Kaufhausart namens Kaufland, zwei Videoshops, ein Ärztezentrum sowie ein Senioren- und Behinderten-Block. Für Hungrige gibt's zwei »Griechen« und zwei, »Grillen« genannte, Schnellimbiß-Unterstände, zum Trinken ein Café und eine Kneipe; mehrere Kisten Bier und Schnaps stehen als »Sonderangebote« direkt auf der Straße vor dem Supermarkt. Es ist alles da im Einkaufszentrum von Mümmelmannsberg.

An die Wände sind arabische und deutsche Zeichen gesprüht: »Rache für Khalil Bakhari«. Der Name des 16jährigen, afghanischen Mümmelmannsbergers, der in der Disko erstochen wurde. Der angebliche Täter, der gar nicht hier wohnte, sitzt in Untersuchungshaft. Auch auf der moslemischen Trauerfeier haben Afghanen aus ganz Deutschland Vergeltung gefordert. Nach der Beerdigung ist erst mal 40 Tage Ruhe zur Ehre des Toten. »Was danach passiert, weiß niemand«, erklärt ein 17jähriger Türke, der uns auch sagt, wie wir die Moslems hier voneinander unterscheiden könnten: »Am Blick. Die Afghanen blicken so fragend, die Iraner blicken etwas weniger fragend, und die Türken blicken gar nicht mehr fragend.« Die kennen Deutschland am besten, weil am längsten. Die jugendlichen Afghanen hingegen sind mit ihren Eltern erst nach 1980 vor den Kommunisten geflohen, die Iraner vor dem Wehrdienst im heiligen Golfkrieg. Auf dem Weg zur Verwaltung der neuen Heimat aller dieser Menschen überqueren wir eine Brücke, die im Gegensatz zu dem auffällig sauberen Einkaufszentrum von Dreck überflutet ist. »Ja«, sagt Klaus Sanmann, Leiter der Geschäftsstelle Mümmelmannsberg, »für Brücke und Hauptstraße ist die Stadt zuständig. Und die Stadt ist der größte Schlamper hier in Mümmelmannsberg.« »Und«, fügt er reuevoll hinzu, »wir von der Neuen Heimat waren ja nicht besser, der Mü'Berg war unser Aschenputtel.« Tatsächlich hat die Stadt jahrelang sämtliche Sozialfälle, Obdachlose, Heimatlose, Arbeitslose, in die subventionierten Sozialwohnungen der Neuen Heimat in Mümmelmannsberg eingewiesen. Man stopfte die Leute in den großen Topf, machte den Deckel zu und ließ den Inhalt gären. Der Ortsteil verkam. Zunächst flohen die Mittelständler, dann die Arbeiterfamilien. Schließlich standen 700 der 4000 Wohnungen leer. »Die Neue Heimat, ›führt‹ das Objekt von der Zentrale aus

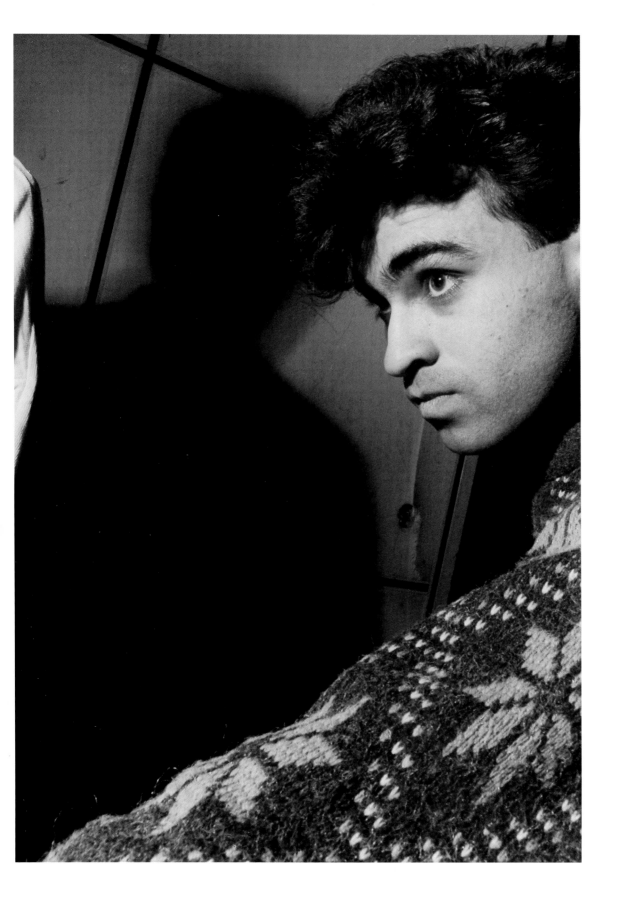

aus, ohne sich um irgendwas zu kümmern«, sagt Sanmann, der jetzt vor Ort erschienen ist, um das Aschenputtel pfleglicher zu behandeln. Mit Spezialreinigungskolonnen läßt er den Dreck beseitigen (außer auf der Brücke), Graffitis werden übermalt, Schäden repariert. Mieter können sogar mitten in der Nacht Klempner anfordern. Auch drei Monteure für ramponierte Seelen stehen jetzt bereit. »Am wichtigsten ist, daß die Leute merken: Jemand kümmert sich um uns!« sagt Sanmann, ein ganz neuer Neue-Heimat-Mann. Er ist ein ehemaliger 68er, »Soziologie-Politologie«. Was ist von damals geblieben? »Die Illusionen sind ausgeträumt. Ich bin Geschäftsmann, ich bin Pragmatiker geworden. An die großen Lösungen glaube ich nicht mehr. Ich will lieber eine kleine Hilfe leisten, als von der großen träumen.« Vor allem will er das »Viertel entstigmatisieren«. Bei den Hamburger Behörden hat er immerhin erreicht, daß sie eine Außenstelle des Sozialamtes in leeren Wohnungen einrichteten. »Die sozialen Dienste und das Einwohneramt sind jetzt hier; die Bewohner müssen nicht mehr wegen jeder kleinen Frage weite Busreisen in andere Stadtteile machen.« Außerdem stoppte die Stadt die Zwangseinweisungen nach Mümmelsmannsberg. Sanmann kann jetzt selbst entscheiden, »wen wir nehmen und wen nicht«.
Inzwischen sei Aschenputtel schon aus dem Schlimmsten heraus, meint Prinz Sanmann. Die Wohnungen sind wieder alle belegt – »und zwar gut. Wir nehmen die Mieter nach bestimmten sozialen Quotierungsregeln«. 20 Prozent der Familienväter und -mütter sind Sozialhilfeempfänger, elf Prozent Arbeitslose, 40 Prozent Arbeiter, 20 Prozent Angestellte, drei Prozent Selbständige und sechs Prozent Rentner. 25 Prozent der Einwohner sind ohne Einkommen, 30 Prozent verdienen über 2000 Mark monatlich.
Die Zahl der Ausländer hat Sanmann von einem Drittel der Einwohnerschaft auf 25 Prozent reduziert. Die 1000 Ausländerwohnungen verteilen sich zu etwa je einem Fünftel an Afghanen, Iraner, Türken, Polen und den »Rest der Welt«, insgesamt wohnen hier Menschen aus 31 Nationen. Wie leben sie zusammen? Sanmann blickt verlegen aus dem Fenster auf die gegenüberliegenden grauen Wände. »Tatsächlich haben wir mit den Ausländern weniger Probleme als mit den Deutschen, besonders mit den sozial Schwachen.« Denn: »Je mehr Ausländer, desto mehr Probleme machen die Deutschen. Die meisten Schwierigkeiten haben wir in den drei Hochhäusern, in denen mehr Aus- als Inländer wohnen. Da fühlen sich die Deutschen überfremdet, verunsichert. Ihre Wohnwelt ist für sie nicht mehr kalkulierbar.« Im übrigen stehen die Ausländer, wie Umfragen ergeben haben, in diesem Land auf einer regelrechten Image-Rangliste: Nach den Deutschen kommen die Westeuropäer und Nordamerikaner, dahinter die Südamerikaner; die Fernöstlichen rangieren interessanterweise vor den Nahöstlichen und vor den Afrikanern.
Wie leben die Ausländer untereinander? Sozialarbeiter haben beobachtet: »Sie ignorieren einander meist« – viele haben diese Rangliste aber auch für den eigenen Status übernommen. »Natürlich können wir bei der Wohnungsverteilung nicht auf nationalspezifische Besonderheiten Rücksicht nehmen, zumal wir oft von den geheimen Konflikten gar nichts wissen.«
Immerhin will man in Zukunft darauf achten, die Landesnachbarn Afghanen und Iraner nicht zu Flurnachbarn zu machen. »Zwar wußten wir, daß es unter den Iranern allein neun, zum Teil extrem unterschiedliche Asylantentypen gibt« – von rechten Schah-Anhängern bis zu moskautreuen Kommunisten, von einer dritten Fraktion »stinkender Käse« genannt. »Aber der tödliche Streit zwischen Afghanen und Iranern hat uns doch überrascht.« Der Chefpsychologe Rolf Jahn hat bei der Familie des Toten kondoliert. »Mehr können wir nicht machen.«
Sanmann hat andere Sorgen. Zum Beispiel den bürokratischen »Kampf um die Kindertagesheimplätze«. Es gibt 570, es fehlen etwa 400 Plätze: 400 Männer oder Frauen können (und dürfen) nicht arbeiten, weil die kleinen Kinder sonst unbeaufsichtigt wären. Die Stadt will frühestens in fünf Jahren ein Heim bauen. Sanmann bietet nun Raum für ein kleines Heim mit etwa 120 Plätzen an. »Das ist zwar ein Provisorium, das die große Lösung noch weiter hinausschiebt«, sagt der Pragmatiker, »aber es hilft wenigstens erst mal 120 Leuten.«

Ich komme mir vor wie jener Fußballreporter, der die Aktion einer Mannschaft mit den Worten kommentierte: »Gut, aber schlecht.« Auf dem Weg zum Haus der Jugend, einer städtischen Einrichtung für Teenager dieses Schmelztiegels, begegnen wir dem »BünaBe«, dem »Bürgernahen Beamten« dem Stadtteilpolizisten. Dieter Kampmeier auf Fußstreife, eine wandelnde Maßnahme der Abschreckung und der Hilfe. Er kommt gerade aus der Bücherhalle, wo er sich mit einigen Insidern über die Gefahr weiterer iranisch-afghanischer Streitereien informiert hat. »Man muß ja Bescheid wissen.«
Tatsächlich verbreitet der joviale Mann die allwissende Selbstsicherheit eines Dorfpfarrers, und die Kinder hier kommen und wollen von ihm alles wissen: »Wie spät ist es? Haben Sie den Thomas gesehen? Was wollen diese Leute hier? Wann ist die U-Bahn fertig?« Brave Kinder. Ob sie ihn manchmal heimlich oder offen »Bulle« nennen, frage ich einen Jungen. »O nein, das darf man nicht, hat meine Mutter gesagt. Aber ich kenne einen, der sagt manchmal Bu... – das verbotene Wort.« Während unseres halbstündigen Gesprächs werden wir siebenmal angesprochen. Zwei Jungs, die er beim unerlaubten Mopedfahren erwischt hat, fragt der BünaBe, ob sie den Zwischenfall – seiner Anordnung entsprechend – ihren Eltern berichtet hätten. »Ich trau mich nicht.« Er sagt: »Dann muß ich das machen.« Der 13jährige: »Ja, bitte.«
Kampmeier, seit 26 Jahren im Hamburger Polizeidienst, seit sechs Jahren in Mümmelmannsberg, fühlt sich hier wohl. »Zwar gibt es etwas mehr Kriminalität als in den langweiligen heilen Gebieten Hamburgs.« Aber es drehe sich hier doch meist »rund ums Kfz« – Autoeinbrüche und -diebstähle. Ja, Rauschgift gebe es auch. Und Körperverletzungen, Alkoholschlägereien. Aber zum Glück haben sich die Jugendbanden »Champs« und »Warriors«, die hier noch vor wenigen Jahren ihr Unwesen trieben, aufgelöst. Wie das? Indem die Polizei sie verstärkt observiert, aufgegriffen und registriert hat. Daraufhin haben die Burschen erst ihre äußere Bandenverbundenheit, gleiche Kleidung und Frisuren, aufgegeben; die innere Trennung folgte dann fast von selbst. So einfach ist das.

Und wie steht's mit dem Streit zwischen Afghanen und Iranern? »Erstens geschah der Mord nicht hier, sondern im benachbarten Stadtteil Lohbrügge. Zweitens war der Täter nicht von hier.« Keinesfalls handele es sich um einen arabischen Kleinkrieg, sondern um einen ganz normalen Wirtshausstreit zwischen zwei Jugendgruppen, nur daß diese hier gefährliche Waffen trugen und auch benutzten. – Nach Meinung der Polizei sitzt Mümmelmannsberg bestimmt nicht auf einem moslemischen Pulverfaß. Bloß keine Stigmatisierung.
In unser Straßengespräch schalten sich immer wieder Jugendliche ein, die Kampmeier schließlich auf seine Sprechstunde, dienstags von 17 bis 19 Uhr, verweist. Die Polizei, dein Arzt und Pastor. Mümmelmannsberg, du hast es gut. »Was wollen die Leute denn zum Beispiel so wissen?« fragen wir. »Ach, meistens, welche Waffen man in welchem Alter tragen darf«, sagt er lächelnd. In Mümmelmannsberg kommen die Schocks aus heiterem Boden. Für die Teenager hat die Stadt das Haus der Jugend (HdJ) eingerichtet, geöffnet von 14 bis 22 Uhr, von Dienstag bis Freitag (am Wochenende wollen auch die Sozialarbeiter ihre Ruhe). Auf 400 Quadratmetern in sechs Räumen verbringen hier die Jugendlichen aus aller Diktatoren Länder ihre Nachmittage mit Billard, Tischfußball, Tischtennis, Backgammon und anderen Brettspielen. Es ist scheinbar ein friedlicher, nur sanft dampfender Schmelztiegel. Freunde aus verschiedenen Ländern nennen sich hier Cousins. »Früher spielten auch Iraner und Afghanen in den gleichen Fußballteams, das hat jetzt aufgehört«, sagt eine 16jährige Deutsch-Türkin, die mit einem jungen Zigeuner verheiratet ist. Verheiratet? »Mit einem Zigeuner ist man verheiratet, wenn man mit ihm eine Nacht von zu Hause weg war, ganz egal was man gemacht hat.« Eine große grenzenlose Familie. Alle Menschen werden Cousins. Sogar die Afghanen kommen vereinzelt wieder.
So weit – so bestens. Aber in der heilen, weiten, kleinen Welt im Haus der Jugend fehlen ausgerechnet deutsche Besucher, die sich meist lieber in der – kirchlich getragenen – »Jugendetage« treffen, wo einst die »Warriors« verkehrten und wo es im Gegensatz zum HdJ Bier

gibt. Dafür dringen hier gelegentlich Haschischwölkchen aus den Toiletten.

Diskoabend, 500 Besucher. Am Eingang steht ein junger Mann mit einem Metallring, wie er am Flughafen beim Bodycheck benutzt wird. Aber der Mann hier ist erfolgreicher als die Flughafenpolizei. An einem Abend sackte er über 40 Waffen ein – Gas- und Schreckschußpistolen, vor allem aber Schlagringe und Stilette, Jagd- und Brotmesser. »Wir hatten hier schon lebensgefährliche Messerstechereien, beispielsweise zwischen Kurden und Türken«, sagt Karlheinz Volkmann, der mit sieben Hauptangestellten das Jugendheim leitet. »Natürlich hatten wir schon lange die Spannungen zwischen den Afghanen und Iranern beobachtet; da gab es immer Rempeleien und kleine Schlägereien, die wir im Keim ersticken konnten. Aber es gab auch richtige Freundschaften zwischen Leuten aus beiden Ländern.«

Um die Situation besser zu verstehen, hatte Volkmann sich wissenschaftliche und historische »Feldstudien« über beide Völker besorgt. Die Afghanen, die sich im 18. Jahrhundert vom persischen Reich lösten und ein eigenes Königreich gründeten, leben bis heute nach streng islamisch-fundamentalistischen Glaubensregeln, während der Iran immer weiter verwestlichte. Hier sind den antikommunistischen Afghanen die linken Khomeini-Flüchtlinge ebenso unangenehm wie die westlichen Schah-Anhänger. Selbst der fundamentalistischen Khomeini-Regierung verübeln sie den Einsatz sowjetischer Waffen im Golfkrieg, vor allem die Art und Weise, wie zwei Millionen afghanische Flüchtlinge in iranischen Lagern als Gastarbeiter zu Hungerlöhnen ausgebeutet werden. Die Iraner wiederum verachten die Afghanen gerne als zurückgebliebene Hinterwäldler, die zudem brutale Greueltaten an iranischen Bürgern begingen. Wahr ist, daß nach einigen fundamentalistischen Regeln Blutrache schon bei kleinen Beleidigungen erlaubt ist und auch angewendet wird. Nach Meinung der Iraner sind es meistens die Afghanen, die mit den Provokationen und Rempeleien beim Tanzen anfangen, »weil sie einen Komplex haben«. Umgekehrt fühlen sich die bescheidenen, introvertierten Afghanen durch die Iraner provoziert, »weil die so arrogant sind«. Preußen und Bayern aus Tausendundeiner Nacht.

Dabei haben beide Gruppen, die meist aus besseren Verhältnissen kommen als ihre deutschen Nachbarn, viel größere gemeinsame Probleme als unterschiedliche. Sie sind Menschen, die Heimat und Vermögen aufgegeben haben und jetzt in einer fremden Kultur von Sozialhilfe leben. Sowohl die beiden Teheraner, die mit ihrem Vater, dem ehemaligen Besitzer einer Ladenkette, vor dem Wehrdienst im Golf nach Deutschland geflohen sind, als auch der junge afghanische Oberstufenschüler und Wissenschaftlersohn leiden in Deutschland unter »tödlicher Langeweile«. Da helfen nicht die Billardtische im HdJ, auch nicht die Mitarbeit bei Volkmanns Stadtteilfernsehen (bei dem ein Türke wie der leibhaftige Gottschalk moderiert), da helfen nicht Sozialarbeiter, nicht einmal die attraktiven türkischen Freundinnen. Da hilft nichts. »Was fehlt, ist eine Lebensperspektive.«

Ob sie jemals in die Heimat zurückkommen, ist sehr fraglich; daß sie in Deutschland keinen angemessenen Beruf erreichen werden, ist sicher. Wer über 16 ist, wird auf der normalen Schule ebensowenig angenommen wie auf der »Elternschule«, die für die hier vereinigten afghanisch-iranisch-türkischen Frauen Deutschunterricht und Gymnastikkurse veranstaltet. Gesamtschuldirektor Klaus Reinsch sagt: »Wir können doch nicht ausgebildete Fast-Erwachsene mit schlechten Deutschkenntnissen in die vierte oder fünfte Klasse stecken.« Sorgfältig prüfen die Lehrer die Fälle von vollbärtigen Twens, die sich hier mit falschen Ausweisen als 15jährige bewerben. Reinsch hat unter seinen 1150 Schülern ohnehin schon 300 Ausländer. Tagtäglich kommen neue, die zunächst in drei Vorbereitungsklassen Deutsch lernen.

Reinsch klagt über die Politiker, »die uns einfach die Menschen hierhin packen, ohne sich um die nachfolgenden Probleme zu kümmern.«

Sich kümmern, das sollen die Sozialarbeiter: HdJ-Boß Volkmann, Wohnungsverwalter Sanmann, die Pfarrer und zum Beispiel die jungen Sozialpädagoginnen, die in Frauengruppen Ausländerinnen und Deutsche, oft Iranerinnen und Afghaninnen gemeinsam, auf ein nachbarliches Miteinander vorbereiten. Andere organisieren Mümmelmannsberger Volksfeste, Ausstellungen und Flohmärkte. Gut, aber. Es sind alles Veranstaltungen, die zu einer Mümmelmannsberger Identität beitragen könnten, wenn nicht – wie die Bewohner – auch die Sozialarbeiter »im Rahmen von Arbeitsbeschaffungsmaßnahmen« alle Jahre ausgetauscht würden, bevor sie längerfristige Programme verwirklicht haben. Sisyphusse in Mümmelmannsberg.

Auch Direktor Reinsch ist wie seine Schule ein Projekt der sechziger Jahre. Auch er hat alle utopistische Ideologie aufgegeben und freut sich, wenn der nächste Tag funktioniert. Seine Gesamtschule mit der typischen Lego-Architektur, den bunten »Ebenen« und den komisch-schaurigen Bezeichnungen wie »Freizeitzone« (statt Schulhof), ist gleichsam ein eigener Stadtteil, in deren Cafeterias und Cafés, Kinder und Lehrer ihre Mahlzeiten einnehmen, in der die Schüler am Nachmittag Freizeiterziehung erfahren: »In Tutorensitzungen« werden beispielsweise allgemeine Themen des Alltags diskutiert. Für die Pause stehen 100 Tischtennisplatten, 1000 Brettspiele und Bücher und eine 100-Phon-Disko bereit. Aber von den antiautoritären Idealen ist nichts geblieben. Disziplinloses Verhalten beispielsweise wird streng geahndet, Reinigungstrupps, bestehen aus Schülern, räumen auf.

Von dem Tod des 16jährigen Schülers Khalil wurde die ganze Lehrerschaft überrascht. »Wir hatten von irgendwelchen Spannungen zwischen Iranern und Afghanen nichts gemerkt. Jetzt gibt es allerdings Probleme.« Auf einer 140köpfigen Lehrerkonferenz, die dem Besucher wie ein Klassentreffen zum 20. Jahrestag einer SDS-Delegiertenkonferenz erscheint, üben die Lehrer Selbstkritik an der eigenen Ahnungslosigkeit. »Es soll unter den Afghanen eine Todesliste mit 23 iranischen Namen geben«, wissen sie heute. Das Kollegium, zu dem schon ein türkischer Lehrer gehört, fordert erneut die Einstellung eines iranischen Lehrers, der als Kenner moslemischer Mentalitäten bereits an anderen Hamburger Schulen aushilft, dessen Einsatz Bürgermeister Dohnanyi aber noch im Frühjahr abgelehnt hatte. Jetzt darf er kommen. »Es muß eben leider immer erst eine Katastrophe passieren«, sagt Reinsch.

Besuch bei der trauernden Familie Bakhari. Der Vater von Khalil, ein ehemaliger Staatsanwalt in Kabul, erklärt mir afghanisches Recht. Danach kann die Familie eines gewaltsam getöteten Verwandten entscheiden, ob der gerichtlich für schuldig befundene Täter mit dem Tode bestraft werden soll oder nicht.

Vater Bakhari will in Deutschland auf dieses Recht verzichten. »Wenn das deutsche Urteil gerecht sein wird.« Alle schweigen. Das blonde Mädchen, das zwischen den fünf Bakhari-Kindern sitzt, sagt plötzlich eiskalt: »Ich bin Deutsche, ich war die Freundin von Khalil. Ich hasse alle Iraner.«

Der neue, deutsche Ausländerhaß: aus Liebe. Da hat ein Mädchen National-, Rassen- und Religionsschranken überwunden, hat sich verliebt und ist in einen Kreislauf von Haß geraten. Leben ist nicht leicht in Mümmelmannsberg.

Ich denke an meinen Besuch einer Vorbereitungsklasse. Zwölf Jungen und Mädchen aus acht Nationen im Alter von zehn bis 15 grüßten im Guten-Morgen-Chor. Es war, als ob eine Unicef-Weihnachtskarte lebendig geworden wäre.

Was werden diese Kinder noch alles lernen – in Mümmelmannsberg?

Ein Jahr Pause: Asbest

Der Tod von Khalil Bakhari hatte kein böses Nachspiel. Der Nationalitäten-Streit beruhigte sich schneller als erwartet, die Afghanen verzichteten auf Blutrache.
Aber es gab Ärger und laute Rufe nach Genugtuung. Und das ausgerechnet wegen unserer Reportage und ausgerechnet von den friedlichen Sozialarbeitern und Lehrern, die die ganze Geschichte als »zu negativ« empfanden. Wir hätten die alten, üblen Klischees gebracht und den ganzen Ort in seiner positiven Entwicklung wiederum »stigmatisiert«, beschwerte sich Neue-Heimat-Mann Sanmann. (Kurioserweise verspotteten andere Leser den Artikel als »Neue-Heimat-PR.«, als »liebevoll«, als Reiseprospekt: »Da möchte man ja mal ein Wochenende verbringen.«)
Jedenfalls luden uns Sanmann, Volkmann, Reinsch und einige Sozialarbeiter zu einer »Aussprache« nach Mümmelmannsberg ein, wo wir wiederum beschuldigt wurden, aus der Arroganz der feinen Wohnung den Leuten hier ihre Heimat zu vermiesen. Der Hinweis auf meine »Gut, aber«-Perspektive wurde nicht akzeptiert. Statt dessen forderten Lehrer und Sozialarbeiter, daß das ZEITmagazin eine Antwort-Reportage mit Texten und Fotos von Schülern der Gesamtschule druckte. Ein guter Vorschlag, den unser Chef leider ablehnte: »Wir sind keine Schülerzeitung.«
Es waren ausgerechnet die Mümmelmannsberger Schüler, die ein Jahr später in die Hamburger Schlagzeilen kamen. Die Schule, das ganze »Bildungszentrum« mitsamt der Bücherhalle, mußte geschlossen werden, wegen Verseuchungsgefahr: Asbest giftete in den geistigen Mauern. Es standen nicht nur 1200 Schüler und 200 Lehrer auf der Straße, sondern der ganze Stadtteil. Die Sperre des Gebäudes, in dem sich auch Volkmanns »Haus der Jugend« mit Fernsehsender, die Sporthalle und die Veranstaltungsräume für Ausstellungen, Konzerte, Filmabende, Bürgerversammlungen, Kaffeekränzchen befinden, legte das gesamte Kulturleben des Viertels lahm.
Als wir im März 1990 zur Bestandsaufnahme in die Siedlung kommen, ist das halbe Bildungszentrum wieder entgiftet und benutzbar. Inzwischen hat die Bewohnerzahl ihren Rekord erreicht. Die allgemeine Wohnungsnot hat auch die letzten Quadratmeter (Mietpreis etwa 8,90 Mark warm) ausgelastet. Zu den Vertretern von 32 Nationen sind jetzt auch »schätzungsweise 15 Übersiedler aus der DDR gekommen«, (so der Sanmann-Nachfolger Jatzen). Viele, auch »potente Miet-Interessenten« stehen auf der Warteliste. Ansonsten hat sich nicht viel geändert. Das Parkhaus steht immer noch leer und sinnlos wie das Werk eines Idioten im Zentrum. In der Einkaufspassage lungern am Nachmittag mehr Betrunkene herum als vor drei Jahren, es liegen mehr Dosen und Papiere auf dem dreckigen Boden. Aber das wieder soll besser werden: Ein schwedischer Investor will das ganze Einkaufszentrum »neu und großzügiger gestalten«. Außerdem wird die U-Bahn-Verbindung zur Innenstadt, die in diesem Jahr eröffnet wird, den Stadtteil attraktiver machen. Sagt ein älterer Herr: »Weil man schneller mal rauskommt.«

Deutschland, deine Deutschen

Anfang 1989, als die Republikaner Deutschland wieder einmal erwachen lassen wollten, weckten sie auch das Interesse ausländischer Studenten, die ins Land kamen, um im deutschen Alltag und in soziologischen Untersuchungen »das Wesen des Deutschen« zu erforschen.
Es war genau das Thema, das uns bei unseren Reportagen in Deutschland, aber auch im Ausland (wo »You are not typically German« als Kompliment gilt), immer wieder aufgestoßen war, ohne daß wir es als Text-Foto-Reportage in den Griff bekamen. Wie soll man Fleiß, Disziplin, Zuverlässigkeit, Sturheit, Rechthaberei und all das fotografieren, wie kann man anders als theoretisch darüber schreiben?
Wir müssen einfach typisch deutsche Menschen porträtieren.
Aber wer gibt sich dafür her? Wir müssen Leute suchen, die sich für typisch deutsch halten, die auch dazu stehen und darüber reden. Wir fanden sie schließlich per Zeitungsannonce.
Als wir die Anzeige »Für eine Reportage suchen wir Leute, die glauben, typisch deutsche Eigenschaften zu verkörpern...« aufgaben, schaltete sich sogar unsere Personalabteilung ein und kritisierte den Anzeigentext, mit dem wir lauter alte Nazis anlocken würden. Wir lockten knapp 20 Leute aus der Reserve, darunter keine alten Nazis, schlimmstenfalls zwei neue Pseudo-Nazis. Trotzdem war Magazin-Chef Haug v. Kuenheim entsetzlich besorgt, als wir uns zu neun ausgewählten Deutsch-Typen auf den Weg machten: »Was soll das bloß bringen?«
Es sollte vor allem Spaß bringen.
Erschienen am 28. April 1989.

Deutschland, deine Deutschen

Wir fahren ins Moor. Erste Station auf unserer Reise zu den »typischen Deutschen« ist Lilienthal, eine Kleinstadt zwischen Bremen und Worpswede, am Rande des Teufelsmoors. Grauer Himmel, nieselnasse Luft. Die Straßen sind menschenleer, als seien die Einwohner wegen des Wetters evakuiert worden.
Am Ende einer gepflegten Reihenhausreihe erscheint in der Haustür eine ältere freundliche Dame mit gnadenlos leuchtenden blauen Augen und einem zusammengeknoteten blonden Haarschopf – sie wirkt wie die gute Kräutertante aus einem deutschen Märchen. Ulrike Martinius hat sich auf eine Anzeige gemeldet, in der wir Menschen suchten, die sich selbst für typische Deutsche halten. Und die bereit waren, uns ihr Deutschtum – was auch immer das sei – zu erklären. Die Frage, was den Deutschen auszeichne und unterscheide, ist vermutlich älter als das deutsche Volk selber. Und heute ist sie wieder brandaktuell, glauben doch schon wieder etliche Deutsche, ihre »Identität« wahren zu können, indem sie einer Bewegung von Rattenfängern hinterherlaufen. Sind *das* die typischen Deutschen? Und was verbindet diejenigen im Lande, die sich selbst, aus welchen Gründen auch immer, für typische Deutsche halten?
Auf unsere Anzeige hatten sich Leute aus der ganzen Republik gemeldet. Zum Beispiel Hermann Seidenberg jr. aus Essen. Dieser besonders typische Deutsche ist ausgerechnet mit einer Pädagogin aus dem »europäischen Teil der Türkei« verheiratet. Da schrieb auch ein Herr Helmut Wirzberger aus Köln, der sich selbst als »pünktlich, genau und offen« bezeichnet, dagegen sei Kohl für ihn »kein typischer Deutscher, eher ein typischer Oggersheimer«. Er forderte mehr Nationalbewußtsein als Mittel gegen Rechtsradikale. Als letzterer

gab sich ohne Umschweife ein Herr Frank Christian aus München offen zu erkennen, ein Mitglied des »Schutzbundes für das deutsche Volk« und »Deutscher mit Leib und Seele«. Aus München meldete sich ein Chefsteward der Lufthansa, der sein Deutschtum äußerlich und innerlich überall auf der Welt beim Zusammentreffen mit anderen Völkern erfahren hat. Aus München schrieb eine geborene Ostpreußin »mit treudeutschem Gruß«, die uns alles über sich als saubere deutsche Frau und ihre Ehe mit einem Italiener erzählen wollte. Aus Hamburg meldeten sich die 31jährige Linda Steffens, die über ihre deutsche Verbissenheit klagt, und Hartmut Gerecke, der in seinem Brief über sein »deutsches Erbe und das deutsche Kulturvolk« grübelt. Das habe in diesem Jahrhundert leider einen schweren Rückschlag erlitten. Ende des Briefes: »In diesem Sinne und gut deutsch. Ihr H. G.«

Ulrike Martinius aus Lilienthal, soviel wußten wir aus ihrer brieflichen Selbstbeschreibung, ist »nicht verheiratet, 60 Jahre alt, erzogen als Preußin, allerdings auch musisch«. Die Krankenschwester und Unterrichtsschwester war stets »äußerst korrekt, pünktlich und fleißig«, letzteres so sehr, daß sie im Ausland »leicht als Deutsche erkannt wurde, meistens war mir das recht«. In einem afrikanischen Krankenhaus sagte man ihr: »Wenn wir in Deutschland so arbeiten sollten wie Sie hier, wollen wir da nicht hin.«

Sie betont, daß sie »kein Nazi« ist. »Auch nicht als Schulkind, ich bin natürlich zum HJ-Dienst gegangen, habe aber das Führerinnenamt nach einem Jahr niedergelegt, mit 13 Jahren. Ich war nie ein mitlaufendes Schaf.« Und, etwas rätselhaft: »Mich unterscheidet einiges von normalen deutschen Hausfrauen.«

Frau Martinius sieht aus wie im Brief angekündigt: »Ich bin äußerlich sehr schlicht, benutze keine Verschönerungsmittel, kleide mich möglichst in Sachen, die nicht jeder hat, weich.« Sie trägt ein weiches blaues Baumwollkleid. Für die Gäste hat sie Kaffee und Tee vorbereitet, dazu bietet sie selbstgebackenes Brot und frischen Quark mit Kräutern aus dem eigenen Garten an. Der Garten verschafft ihr eine gewisse Autarkie. »Wir brauchen im Sommer kein Gemüse und kein Obst zu kaufen. Für den Winter koche ich enorm viel ein«, sagt sie. »Wir werfen nichts unnütz weg, wir sparen Energie und Wasser.« Gewaschen und gebügelt wird morgens vor sechs mit billigem Nachtstrom. Eine Grüne als typische Deutsche? »O nein«, sagt sie. »Die Grünen sind mir als Partei zu unkonzentriert, zu unpräzise.« Aber ihr Freund wählt Grün. Und sie? »Eigentlich ist die SPD meine Partei, aber die sind in Bremen an den Krankenhäusern – ich sage nur Schwarzgeldklinik – und mit den Gewerkschaften zu verfilzt. So wähle ich FDP, liberal.« Die typische Deutsche – eine herzensgute Liberale? Was denn ihrer Meinung nach typisch deutsche Eigenschaften seien, fragen wir. Wir wollen bei allen anderen »Kandidaten« die Top ten der deutschen Eigenschaften ermitteln.

Als Nummer eins nennt Frau Martinius »Treue und Zuverlässigkeit«. Dann folgen »Systematik und Organisationstalent – Eigenschaften, die mir leider fehlen«. Sie möchte endlich ihren Rentneralltag mit einem Stundenplan durchorganisieren, kriegt das aber irgendwie nicht auf die Reihe. »Aber dafür bin ich fleißig, glaube ich.« Das wiederum bezweifelt ihr zehn Jahre jüngerer Freund, der noch immer als Krankenpfleger arbeitet, während sie »dem Herrgott den Tag stiehlt«. Früher ist ihr Fleiß den Kolleginnen buchstäblich auf den Wecker gegangen. Sie besucht heute Geschichtskurse an der Volkshochschule und liest viel, zur Zeit Jurek Becker. In ihrer großen Bibliothek stehen, sauber geordnet, hauptsächlich deutsche Autoren. Böll, Brecht, Grass, aber auch Hemingway und Thomas Wolfe. Schließlich malt sie, wie ihre Mutter, Aquarelle; das nahe Worpswede läßt grüßen.

Ein deutsches Schicksal: Auf einem der vielen Bilder an der Wand sehen wir ein adrettes Mädchen mit blonden Zöpfen, mit wachen blauen Augen. Ulrike als Mischung aus Gretel und Gretchen.

Die Familie – Mutter anthroposophisch angehauchte Christin, Vater Schulchef der Behörde und Parteimitglied – war in den dreißiger Jahren immer weiter nach Osten gewandert: von Westfalen über Frankfurt/Oder nach Ostpreußen. Frau Martinius erinnert sich an eine wunderbare Kindheit mit Familienausflügen in die Wälder. Es wurde nicht geredet, nicht einmal gegessen oder getrunken, im »heiligen Tempel der Natur«.

Wochentags kümmerte sich ausschließlich die Mutter um die Kinder, denen sie viel Freiheit ließ und sogar totale Unordnung in einer bestimmten Kiste oder Schublade erlaubte. Der Vater litt zunehmend unter dem Konflikt zwischen seinem Treueeid als Staatsbeamter bei den Nazis und seinem Gewissen, zum Beispiel wenn er Mitbürger wegen schlampigen Hitlergrußes reglementieren oder melden mußte. Er wurde schließlich an die Front geschickt, von wo er nicht mehr zurückkehrte; die Mutter starb kurz vor Kriegsende. Die Teenager-Kinder mußten sich allein durch das kollabierende Deutschland durchschlagen, zu Verwandten in Westfalen.
Trotz der katastrophalen Verhältnisse in der Nachkriegsrepublik schaffte die Waise 1948 ihr Abitur und verließ ein halbes Jahr später ihr Vaterland, um in Schweden als Haushaltshilfe ihr Glück zu versuchen. Sie genoß das »ganz neue freie, demokratische Leben« in einer frühen Wohngemeinschaft mehrerer schwedischer Familien. »Aber den zu lässigen Umgang mit den Kindern, die hier antiautoritär erzogen wurden, fand ich weniger gut.«
Ulrike kehrte heim und wurde Rotkreuzschwester. Im Schwesternheim herrschte damals weniger Freiheit als in einer Kaserne: zehn Uhr Zapfenstreich, kein Besuch, selbst Lachen war während der Dienstzeit verboten – »einmal sollte ich wegen Lachens gefeuert werden«. Obwohl sie die Freiheit in Schweden so genossen hatte, akzeptierte sie aus Pflichtgefühl, aber auch »irgendwie aus Überzeugung« die Zwänge des Schwesternlebens.
»Irgendwie aus Überzeugung« – ein typisch deutscher Satz? Sie fand lange Zeit nicht einmal die Zeit für eine Liebesgeschichte. Einmal trat ein verheirateter Mann in ihr Leben, sie blieb aber der christlichen und elterlichen Moral treu. Erst 1973, sie war 45, zog sie mit ihrem jetzigen Freund zusammen, in dieses kleine Eigenheim in Lilienthal. Er hält sie für das genaue Gegenteil einer typischen Deutschen (»sehen Sie sich die Spinnengewebe an der Lampe an!«), aber sie besteht auf ihrem Erbe. Als »negativ« schätzt sie ihre unheilvolle Strenge anderen gegenüber ein, »zu denen ich oft bott war. Sie kennen doch diese Deutschen, die sensibel mit sich selber sind und die den anderen Saures geben.« Als dritte typisch deutsche Eigenart notiert sie zögernd »Toleranz«; als wir sie erstaunt anblicken, murmelt sie: »Na, das stimmt doch wohl nicht. Ich dachte an Friedrich den Großen. Nehmen wir lieber Sparsamkeit.« Tolerant zeigt sich die Grünen-Gegnerin, die immerhin seit Jahren mit dem grünen Lebensgefährten ein Haus teilt, dennoch später im Moor, wo Fotograf Dirk Reinartz sie um eine Pose vor der deutschen Fahne bittet: »Sie können sich eine von den sechs Exemplaren aussuchen.« Sie zeigt Flagge, wenn auch mit dem kleinsten Wimpel, und obwohl »ich mir dabei schon sehr komisch vorkomme«. Die Fahnenfotos entwickeln sich

»Deutschland, Deutschland über alles – ich fürchte, das war das Ende der deutschen Philosophie.«
Friedrich Nietzsche

auf unserer Reise zum Psychotest. Die meisten können nicht lässig, wie etwa die Amerikaner, ihre Banner in die Hand nehmen.*
Zu unserem nächsten Kandidaten reisen wir weiter ins Ruhrgebiet, in die alte Krupp-Stadt Essen. Hermann Seidenberg jr. hatte sich in seinem Brief als 41jähriger früh pensionierter Fernsprechentstörer der Bundespost geschildert, dem des öfteren seine »typisch deutschen Eigenschaften« vorgehalten würden. »Ich habe das jedoch«, schrieb er, »als Kompliment aufgefaßt und weiterhin an Ordnungsliebe, Treue, Ehrlichkeit, Mut und (was man mir besonders zum Vorwurf machte) Hang zum Perfektionismus festgehalten.«
Dieser typische Deutsche ist seit zehn Jahren ausgerechnet mit einer Türkin verheiratet, die ihn ebenfalls »als den typischen Deutschen aus dem Bilderbuch« bezeichnet. Wir treffen ihn in einer kleinen Kellerwohnung, in der er wie ein Einsiedler in seiner Höhle haust. Der Raum, etwas größer als das kleine Bett, ist voll mit Büchern. Hitler sticht ins Auge, Fest und Maser, Kogons »SS-Staat« neben SS-Heldenepen wie »Legion

---

* Die Fahnen-Fotos, die im ZEITmagazin abgedruckt waren, wurden hier durch ruhigere Schwarzweißbilder ersetzt.

Hermann Seidenberg, pensionierter Fernsprechentstörer, 41 Jahre alt, verh., wohnt in Essen

Nordland«, aber auch Lenin, Stalin, Gorbatschow. Ein Fernseher, Video, ein selbstgebasteltes Radio – abgesehen von einem gestickten Wandteppich keine Spur von einer Frau.

»Die schöne Türkin, die ausgerechnet einen schäbigen Typen wie mich genommen hat« wohnt mit der eineinhalbjährigen gemeinsamen Tochter in Bremen, wo sie einen Job als Sozialpädagogin für Ausländer gefunden hat. Die Eheleute sehen sich alle vier Wochen, und »das ist gut so, da streiten wir uns nie.« Sie freuen sich angeblich immer aufs Treffen und Trennen. Aber ist diese Ehe nicht ein Widerspruch zu seinem Deutschtum? »Keineswegs« – zum einen hat Seidenberg nichts gegen Türken, sind diese doch alte Waffenbrüder aus dem Ersten Weltkrieg. »Viele türkische Paschas waren deutsche Generäle.« Außerdem hat er nichts gegen Ausländer, außer gegen die Wirtschaftsasylanten. Schon wieder ein toleranter Deutscher? Er verlangt nicht einmal, daß die Ausländer hier ihre Kultur aufgeben. Denn was sie in der Bundesrepublik dafür bekämen, sei nur »die Ami-Kultur, der schon die deutsche Kultur geopfert wurde«. Aber was ist die deutsche Kultur? Prompt erzählt Seidenberg von deutschen Sitten und germanischen Riten. Trachten und Folklore, Sonnenwendfeiern, heiligen deutschen Bäumen – besonders der Eiche –, von deutscher Baukunst und deutschem Wiederaufbaugeist, Semperoper und Zwinger, von deutschem Erfinderreichtum.

Die deutschen Eigenschaften, mit denen Seidenberg sich brüstet, sind vor allem diejenigen, die Oskar Lafontaine »Sekundärtugenden« nennt: Gründlichkeit, Ordnungssinn, Treue. »Aus einem Drang aus mir selber heraus muß ich immer das Übel bei der Wurzel packen«; als Fernmeldeentstörer hat er beispielsweise niemals nur das defekte Telefon repariert, sondern auch gleich ein veraltetes mürbes Kabel ersetzt, »obwohl das gar nicht meine Aufgabe war«. Sein Ordnungssinn verlangt, daß nach getaner Arbeit sämtliche Schraubenschlitze parallel ausgerichtet sind. Aber sitzen dann nicht manche Schrauben zu fest oder zu locker? »Nein. Bei guten Schrauben stimmen die Gewinde immer.« Seine Treue und sein Amtseid schließlich hinderten ihn, einem Freund, dem in staatlichem Auftrag eine Wanze ins Telefon gebaut worden war, zu verraten, daß er abgehört werden sollte.

Aber, so fragen wir, sind es nicht gerade diese deutschen Eigenschaften, die die Verbrechen der Nazis nicht nur funktionieren ließen, sondern auch ermöglicht haben? Ist es nicht deutsche »Gründlichkeit«, die zum Beispiel den Antisemitismus (den es ja in vielen Ländern gab) gleich zu einem Holocaust radikalisiert?

»Es besteht immer die Gefahr«, antwortet er, »daß ein Verbrecher – der im Falle Hitlers ja gar kein Deutscher war – gute Eigenschaften mißbraucht.«

Ein typischer Deutscher als Freak: In Seidenbergs Archiv steht antifaschistische Literatur neben »Mein Kampf« – auch in seinem Kopf stehen die Gegensätze nebeneinander. Er schwärmt von deutscher Soldatentapferkeit und der Qualität deutscher Waffen im Zwei-

> »Der echte Deutsche bezeichnet
> sich durch mannigfaltige Bildung
> und Einheit des Charakters.«
> Johann Wolfgang von Goethe

ten Weltkrieg, während er gleichzeitig die Kriegsverbrechen verurteilt, »die jedem guten Deutschen die Schamesröte ins Gesicht treiben«. Ihn schmerzt die deutsche Kriegsniederlage, die er zugleich als Rettung der Freiheit feiert. Als Gewerkschafter und gewählter Vertrauensmann bekämpfte er Ungerechtigkeiten im Betrieb – und engagierte sich in einer kommunistischen Gruppe, für die er sogar bei den Kommunalwahlen als Kandidat auftrat und immerhin 1,2 Prozent erreichte. Da er aber seine Wählerstimme nicht einer Partei geben wollte, die keine Chance hatte, wählte er bei dieser Wahl – gegen sich selbst – den Kandidaten einer großen demokratischen Partei.

Ein Mann als sein eigenes Dementi, ewig mit den Extremen kokettierend. Ein typischer Deutscher? Zum Fototermin weist er die Fahne zunächst zurück. »Ich bin doch kein Fußballfan.« Später, vor einer Bergruine, hängt er sich dann doch das zweitgrößte Exemplar über den Arm.

Unsere Reise geht pünktlich weiter nach Köln, in einem deutschen Qualitätskraftfahrzeug auf einer perfekt ausgebauten Autobahn. »Wir Deutschen sind ange-

Ulrike Martinius,
pensionierte
Krankenschwester,
60 Jahre alt, ledig,
wohnt bei Bremen

sehen, geachtet, beliebt«, hatte uns ein Mann aus Köln geschrieben. Der Mann ist eher ein typischer deutscher Schildbürger, der sich im Laufe des Gesprächs als antideutsches Element entpuppt. Er schimpft über die deutsche Polizei und schwärmt von fernen arabischen Ländern, wo »die Menschen mehr Seele haben« und wo er mehr Liebe erfahren habe als hier. Offenbar hat er uns mit seinem Deutschtum als Köder nach Köln gelockt, weil er sich gern in einer Zeitschrift gedruckt sähe. Er möchte nämlich am liebsten Schauspieler werden. Ein Hochstapler in der Rolle des typischen Deutschen.

Unser nächstes Ziel ist München, die Hauptstadt der Bewegung, der früheren wie der neuen. Wir fliegen mit der Lufthansa, die ja zur Zeit auch Probleme mit ihrem deutschen Image hat. Sie gilt weltweit als eine zuverlässige, pünktliche, effiziente, durchorganisierte Transportmaschinerie, aber ohne Charme und ohne Seele. Dieses Image soll jetzt eine Schweizer Werbeagentur verändern: freundlicher, herzlicher, menschlicher. Immerhin ist unser Flug ganz schön undeutsch unpünktlich.

Der Vertreter des »Schutzbundes für das deutsche Volk«, dessen Namen wir hier auf ausdrücklichen Wunsch in Frank Christian ändern, hatte auf unsere Anzeige besonders vielversprechend geantwortet: »Ich bin ein Deutscher mit Leib und Seele. Ich liebe mein deutsches Vaterland. Warum? Es ist einfach da – im Herzen –, ich kann gar nicht anders, als mein Vaterland zu lieben.« Er will uns im Foyer des »Bayerischen Hofes« kennenlernen, bevor er uns in seine Wohnung läßt. Wir sollen ihn an einem eierschalfarbenen Mantel erkennen. Er hat blonde Haare und kommt mit zackigem Schritt in mit Eisen beschlagenen Schuhen. Er ist 56 Jahre alt, sieht aber jünger aus, »weil mein Herz jung geblieben ist und die Erbmasse stimmt«.

Die Erbmasse des deutschen Volkes sieht er gefährdet. Er will mit seinem Verein, eben dem »Schutzbund«, die ethnische und kulturelle »Eigenart« des deutschen Volkes retten: »Ich reite nicht für Deutschland, ich rede für Deutschland.« Er tritt an Info-Ständen der NPD auf und wirbt bei Journalisten für »die Sache«. Hauptthema sind natürlich die Ausländer, die mit ihren Sitten und Unsitten in der deutschen Heimat Angst und Schrecken verbreiten. Andererseits wirbt er mit weinerlicher Stimme um Gnade für die armen Ausländer, die gegen ihre wahren Interessen von korrupten deutschen Politikern hierher, in die Fremde, gelockt worden seien. Dieses scheinbare Mitgefühl gipfelt in dem heimtückischen, von Schönhuber übernommenen Satz: »Wir sind gar nicht ausländerfeindlich, wir sind nur deutschfreundlich.«

Gerade bei Christian aber geht das eine nicht ohne das andere. Entgegen seinem theoretischen Mitleid für die armen Entwurzelten äußert er pures Entsetzen, wenn

> »Alles was deutsch ist, ist mir zuwider, alles Deutsche wirkt auf mich wie ein Brechpulver... Ich liebe im Grunde das Deutsche mehr als alles andere auf der Welt. Ich weiß nur zu gut, daß mir das Deutsche das ist, was dem Fisch das Wasser ist.«
>
> Heinrich Heine

er sie auf der Straße sieht. »Sehen Sie, da sind schon wieder welche, Jugoslawen oder was sie sind, ich weiß es nicht.« Was er aber weiß: »Jeden Tag kommen fünfhundert oder tausend mehr. Da kann man schwermütig werden.«

Als Hauptursache für die vielen Selbstmorde in Deutschland (»mehr als Verkehrstote«) hat Christian die »deprimierend vielen Ausländer« ausgemacht. »Die Alten und Behinderten leiden, weil sie wegen der Ausländer von den Behörden nicht unterstützt werden können.« Kein Wunder, daß unter diesen Umständen Deutschland die niedrigste Geburtenrate der Welt habe und die höchste Zahl an Abtreibungen. Noch ein Negativrekord: In der Bundesrepublik gebe es extrem viele allein lebende Menschen, Singles. »Dabei brauchen wir die Großfamilie«, sagt der Single Frank Christian. Für all die unglücklichen und beladenen Deutschen will er einen »Menschenkennlernplatz« (»das klingt besser als Kommunikationszentrum«) einrichten.

Frank Christian,
Schauspieler,
Teppichhändler, 56
Jahre alt, ledig,
wohnt in München

Wie aber will er die Ausländer, die hierzulande die Deutschen terrorisieren und ängstigen, reduzieren? Sollen sie kaserniert, in Gettos untergebracht, einfach mit Waggons außer Landes gekarrt oder getötet werden, falls seine Leute an die Macht kommen? »Das weiß ich nicht«, sagt er. »Dafür sind die Politiker zuständig. Wir hoffen doch alle auf den Messias, der das regelt.« Wie, davon will er nichts wissen, davon hat man dann hinterher auch nie was gewußt.
Auch hier will, beim genaueren Hinsehen, nichts so recht zusammenpassen. Privat hört Christian nicht Wagner, sondern »Disko-Opern«. In seiner kleinen Wohnung, die voll mit Jugendstil-Krimskrams, Lämpchen und Bilderchen ist, steht auch ein vierzig Zentimeter hoher neckischer Jüngling, ein Mohrenkopf als Cupido. Unter seinen Freunden sind viele Ausländer. Christian war ein erfolgloser Schauspieler, bevor er als Werbemann für Ikonen- und Teppichhändler ein wenig Geld verdiente. Zum Fototermin steht er gern bereit, geduldig wie ein Modell. Nur die Fahne will er nicht auf den Arm nehmen, denn »die trage ich im Herzen«.
Als vermutlich ideale Partnerin für Herrn Christian besuchen wir in München noch Mareike Fontessa, ebenfalls blond und blauäugig, ebenfalls 56 Jahre alt (auch ihren Namen mußten wir ändern). Sie will demnächst die Republikaner wählen. An deutschen Eigenschaften verkörpert sie selbst, so sagt sie, »Zuverlässigkeit, Ehrlichkeit, Neidlosigkeit und Korrektheit«. Sie lobt meine ordentlich gebundene Krawatte und bittet Dirk Reinartz, eine Zeitlang auf das Rauchen zu verzichten. Sie liebt wie Christian die Wälder: »Wenn ich einen Baum vor mir sehe, bewundere ich seine Stärke, will seine Kraft in mir haben.« Mit den Vögeln singt sie im Duett. Auch wäre sie gern Schauspielerin geworden. Die gebürtige Ostpreußin ist zudem eine richtige deutsche Mutter, die ihre Kinder zu moralischem und »sauberem Lebenswandel« erziehen wollte. Allerdings ist darüber ihre Ehe mit einem Italiener in Ravenna geschieden worden. Sohn Stefano/Stephan mußte in Ravenna Sepplhosen tragen, ordentlich bei Tisch sitzen und durfte »vor dem Essen, nach dem Essen Händewaschen nicht vergessen«. Statt mit Spaghetti fütterte sie Mann und Kinder mit Klößen und guten deutschen Soßen. Als Hauptversagen in der Ehe kreidet sie ihrem Mann an – ausgerechnet –, daß er zu tüchtig war in seinem Beruf.
Der Architekt hatte zuwenig Zeit für seine Frau, die *bella Tedesca*. »Er verstand nicht, das Leben zu leben.« Deutsche Paradoxien: Der italienische Mann ist der »treudeutschen Frau« zu deutsch. Die lebenstüchtige und zugleich lebenssüchtige Frau verläßt ihren Mann und kehrt zurück nach Deutschland. Sie verliert den Kampf um die Kinder, die nun in Italien aufwachsen. Sie hat inzwischen einen neuen Freund, einen Aussiedler aus Ungarn, erzählt sie beim Fototermin, während

>»Deutsch sein heißt, eine Sache
>um ihrer selbst willen tun.«
>Richard Wagner

>»Mein Deutschtum ist kein unentrinnbares Schicksal, sondern eine Aufgabe.«
>Richard von Weizsäcker

sie die Fahne als Schal kokett um Hals und Hüfte schwingt.
Auch unser nächster Münchner Kandidat ist Junggeselle. Thomas Knuth, der Lufthansa-Purser, wohnt im schicken Stadtteil Bogenhausen in einer luxuriösen Eigentumswohnung.
Auch er ist sehr blond und sehr blauäugig, sehr groß und ungewöhnlich lässig. Er ist stolz auf Deutschland und stolz auf sich als Deutschen. Er freut sich über Nobelpreise für Deutsche, über »Frau Mutters Beethovenkonzerte« und über die Deutsche Lufthansa. Kraft deutscher Eigenschaften wie Zuverlässigkeit, Pünktlichkeit und »Organisiertheit« rauscht er durch die Welt wie ein moderner Siegfried der Lüfte. Etliche deutsche Eigenschaften wie Engstirnigkeit, Kleinkariertheit und Geiz sind ihm oft lästig und peinlich. Die Leute, mit denen er als Gymnasiast und Präsident der Berliner Schülerparlamente sowie als Mitglied des »Kuratoriums Unteilbares Deutschland« für die deutsche Sache kämpfte, meist RCDS- und CSU-Mitglieder, erscheinen ihm heute eher provinziell und spießig.

Linda Steffens, Sprachlehrerin, 31 Jahre alt, ledig, wohnt in Hamburg

Bei Jugend-Reisen in England und USA wurde er oft wegen seiner deutschen Disziplin gehänselt; in Israel, wo er Oliven pflanzte und Wasserleitungen legte, wurde er mit Steinen beworfen.

Deutschtum als angeborener Makel – dagegen wehrt er sich energisch: »Meine deutschen Eigenschaften machen mich nicht zum Nazi, auch nicht zum potentiellen Nazi.« Nach einem guten Schluck in einem Münchener Biergarten fügt er nachdenklich hinzu: »Aber vielleicht ließ ich mich damals in Berlin auch von Politikern vor einen Karren spannen wie der Lokomotivführer eines KZ-Zuges.«

Als negative deutsche Eigenschaften sind ihm in seinen zwanzig Jahren bei der Lufthansa besonders Geiz und Gier aufgefallen, bei den Passagieren, aber auch bei sich selbst. »Es sind immer die Deutschen, die im Flugzeug die Extrawürste wollen, mehr Service haben wollen, als sie bezahlt haben. Sie beanspruchen mit einem Zweiter-Klasse-Ticket einen Erster-Klasse-Platz.« Knuth hat erlebt, wie bekannte deutsche Schauspieler und Manager nach der Landung »eine Flasche Wein fürs Hotel« oder »ein Spielzeug als Mitbringsel für die Kinder« anforderten, und er hat bemerkt, daß die Deutschen am geizigsten mit Trinkgeldern umgehen, »eine Eigenschaft, die ich leider auch bei mir beobachte«. Bei seinem Nebenjob, dem Einrichten von Wohnungen – er hat in den letzten zwanzig Jahren über ein Dutzend Eigentumswohnungen gekauft, eingerichtet, bewohnt und mit Gewinn wieder verkauft –, hat er festgestellt, daß in Deutschland die »Handwerker, aber alle anderen auch, versuchen, dich zu betrügen«. Seine eigene Kleinlichkeit versucht er, der heute nicht mehr CSU, sondern FDP wählt, durch gute Taten wettzumachen. Er spendet Bäume für den Englischen Garten, stiftet Geld für amerikanische Colleges und hat jetzt, legal, illegal, scheißegal, eine polnische Asylantin trotz Arbeitsverbot als Putzfrau beschäftigt.

Bei allem Ärger über seine Landsleute ist der Mann, der die ganze Welt gesehen hat, immer wieder ganz besonders glücklich, »wenn unsere Maschine über Deutschland einfliegt und ich die typisch deutschen Häuser von oben sehe«. Für das Foto im Englischen Garten hält er locker die größte Fahne empor. »Ich freue mich immer, wenn ich die Fahne im Ausland sehe; bei den Konsulaten signalisiert sie mir Hilfe in der Not.«

Beim Fototermin wählt er die größte Fahne und hält sie vor seinen Siegfried-Körper wie ein nackter Mann sein Badetuch.

Zurück nach Hamburg. Wir fliegen über Deutschland: deutsche Städte, deutsche Dörfer, deutsche Wälder, München, Bayern, Hessen, rechts die DDR, Niedersachsen, Schleswig-Holstein. Sind die Bewohner dieser Gegenden näher verwandt als beispielsweise Schleswiger und Dänen?

In Hamburg, Endstation unserer Deutschland-Rundreise, besuchen wir zunächst Linda Steffens, unsere jüngste »Kandidatin«, 31 Jahre alt. Eine erfrischend junge Dame mit einer großen Brille. Kleidung und Wohnung sind vorwiegend rosa. Sie hält sich für

> »Ist noch ein Land außer Deutschland, wo man eher die Nase rümpfen lernt als putzen?«
> Georg Christoph Lichtenberg

typisch deutsch, weil sie so furchtbar fleißig, »so verbissen fleißig ist, um unbedingt irgendwas zu erreichen«. Schon als Schulmädchen hat sie manchen Text zwanzigmal abgeschrieben, weil ihr irgendein Buchstabe nicht genau genug war und weil sie – als Mädchen aus einfachem Hause – unbedingt was Großes werden wollte: Lehrerin. Das hat sie geschafft: Jetzt unterrichtet sie Aussiedler in Deutsch. Sie ist stolz darauf, es macht ihr Spaß, und doch empfindet sie ihren Fleiß und ihre Verbissenheit oft als Last. Sie ist sich vor allem bei Auslandsreisen ihres übertriebenen Deutschseins bewußt geworden. In Amerika sah sie, wie die Mädchen der Gastfamilie ihre Wäsche nicht ordentlich in einem Schrank stapelten, sondern ihr Zeug lässig in eine Schublade warfen. Auch schafften die Mädchen ihre Prüfungen, ohne viel Schularbeiten zu machen. »Wenn das Wetter schön war, ging man einfach raus.« Dagegen hatte sie von ihrer Mutter gelernt: »Erst die Arbeit und dann das Vergnügen.«

Ein paar Jahre später wäre sie dann beim Lehrerexamen beinahe durchgefallen, weil sie sich gerade »richtig ver-

Thomas Knuth,
Lufthanser-Purser,
46 Jahre alt, ledig,
wohnt in München

liebt« hatte. Inzwischen ist sie stolz, daß ihre Fenster nicht geputzt und die Bücher im Regal nicht alphabetisch geordnet sind...

Eine dauerhafte Beziehung, wie sie sie ersehnt, hat sie immer noch nicht gefunden. Stehen ihre deutschen Eigenschaften einer Partnerschaft im Wege? Sie weiß es nicht. Ihre Direktheit, mit der sie schon viele Menschen verletzt hat (»ich sage immer, was ich denke«), hält sie »eigentlich für eine Tugend«. »Es wäre schön, wenn alle Menschen so wären, dann wäre das kein Problem«, sagt sie. Historisch oder politisch interessiert sie die deutsche Frage herzlich wenig. »Ich habe letztes Mal Grün oder SPD gewählt, weiß nicht genau.« Die Nazi-Verbrechen tun ihr leid, aber – was hat sie damit zu tun? Kein Stolz auf Deutschland? »Doch, wenn ich den Polen etwas beibringe, weiß ich, daß ich wichtig für sie bin.« Wie empfindet sie die Ausländer in Deutschland? Als Segen, denn »dadurch habe ich einen Job«.

Wir halten an einem hübschen Einfamilienhaus mit Vorgarten am Niendorfer Gehege. An der Haustür gibt es zwanzig Klingeln mit zwanzig Namen. Der Eigentümer hat einen Anbau in seinem Garten in Zellen unterteilt, die er einzeln vermietet. In einer der Zellen wohnt Hartmut Gerecke, der auf unsere Anzeige geantwortet hatte, daß er »aus einem der Kernstämme Deutschlands, nämlich Niedersachsen, stammt, deutsch erzogen und geprägt. Mitglied eines Kulturvolkes, das nur in diesem Jahrhundert typisch deutsch Schiffbruch erlitten hat.« Unser Mann sitzt in seinem kleinen Zimmer, eingerahmt von juristischen, medizinischen und historischen Büchern, mit einem verbitterten Mund, als habe er selbst Schiffbruch erlitten.

Gerecke, der die deutsche Geschichte bis in die letzten Winkel durchforstet hat, meint, daß die deutsche Tragödie erst in diesem Jahrhundert mit dem übersteigerten Nationalismus Kaiser Wilhelms II. begann. Mit dem geradezu schizophrenen Wunsch »Am deutschen Wesen soll die Welt genesen« habe Wilhelm, ein schwächlicher Vorläufer Hitlers, die eigene Krankheit auf die Welt projizieren wollen, nachdem er das deutsche Volk schon angesteckt hatte. Typisch deutsch-rechthaberisch und stur, versuchten seine Nachfolger nach der ersten Niederlage noch eine zweites Mal, die Welt am deutschen Wesen zum Genesen zu zwingen. Für Gerecke ist die Krise der Deutschen freilich auch mit dem Ende des Zweiten Weltkriegs noch nicht beendet. Den 48jährigen haben nicht nur die deutschen Politiker enttäuscht, von Adenauer (»der die deutschen Chancen verraten hat«) bis Kohl (»der unter gefährlichem Realitätsverlust leidet«), sondern auch die deutschen Mediziner und Juristen, die ihm ganz persönlich mit Kunstfehlern und Fehlurteilen böse mitgespielt haben. Er verlor mehrere Prozesse, für die er Studium und Karriere opferte. Er scheiterte bei der Bundeswehr und in mehreren Jobs, wo er als unduldsamer und aufbrausender Kollege keine Freunde fand. Heute arbeitet der gebeutelte Deutsche als Bürokaufmann und grübelt als verbitterter Eigenbrötler über das Geheimnis der deutschen Wesensart.

Wir bilanzieren: Einerseits scheinen unsere typischen Deutschen tatsächlich von den »deutschen Klischees« geprägt: Ordnung, Fleiß, Sauberkeit. Waren schon die

> »Wir Deutschen denken gut und
> reden schlecht... tun manches
> und vollbringen nichts.«
> Ludwig Börne

Zimbern und Teutonen so pünktlich? Jedenfalls handelt es sich bei diesen »Sekundärtugenden« um durchweg soldatische Eigenschaften, die wohl schon den deutschen Stämmen und Königreichen bei Stammesfehden und Grenzkriegen als Waffe dienten. Und die später von den Preußen zum Programm erhoben wurden.

Andererseits scheint unter dieser Oberfläche das Chaos zu herrschen – und eine bisweilen fast dreist anmutende Doppelmoral. »Zur Treue gehört keineswegs die eheliche Treue«, sagt der Essener Seidenberg. Der typische Deutsche ist ein Bündel von Widersprüchen – und er scheint mit diesen Widersprüchen nur schwer leben zu können. Betrogene Liebhaber mit gebrochenem Herzen. Querulanten mit Hang zum Selbstmitleid, Einzelgänger mit Bindungsunfähigkeit scheinen sich zum Deutschtum besonders hingezogen zu fühlen. Menschen, die ihr Gleichgewicht nicht finden – und

Mareike Fontessa,
Ex-Ehefrau, 56
Jahre alt, gesch.
wohnt in München

um so mehr auf Normen pochen. Der typische Deutsche – ein Fall für den Therapeuten?
Wir trösten uns mit dem Zufall. Schließlich sind die typischen Deutschen, die wir auf unserer Reise aufsuchten, keineswegs repräsentativ. Wer auf die Such-Anzeigen von Journalisten antwortet, der hat von vornherein einen Hang zur Selbstdarstellung; er ist schon deshalb eine Ausnahme, weil er die Öffentlichkeit sucht. Vielleicht zeichnet sich der typische Deutsche ja dadurch aus, daß er sich nicht auf solche journalistischen Aufrufe meldet.
Zum Abschluß hatten wir uns mit einer Nichtdeutschen verabredet. Eine A. Namènyi hatte auf unsere Anzeige in roter Tinte und gutem Deutsch geantwortet: »Typisch deutsche Eigenschaften habe ich in den letzten 20 Jahren – seitdem ich in Deutschland lebe – reichlich erworben.«
Die Ungarin Annamaria Namènyi hat als 18jährige 1969 einen Hamburger Kaufmann geheiratet, wohnt seitdem als Frau Ehrhardt in der Hansestadt und hat eine Persönlichkeitsveränderung durchgemacht. Wir treffen eine elegante, attraktive Dame im feinen Süllberg-Café: dort, von wo aus sogar die Elbe sauber aussieht.
»Ich habe meine Spontaneität verloren«, sagt sie. Ihr Mann hat ihr den ganzen Tag von morgens bis abends – Mahlzeiten auf die Minute genau – reglementiert. Nach der Scheidung lernte sie als Pädagogikstudentin Unterrichtsmethoden, in denen es auf sinnlose Formalismen anstatt auf vernünftige Inhalte ankam. Alles wurde schematisiert und katalogisiert. »Ich habe das deutsche Prinzip und Werte wie Pünktlichkeit, Disziplin und Zuverlässigkeit völlig verinnerlicht«, sagt sie. Sie plant inzwischen nicht nur ihren Tag von morgens bis abends minuziös durch, sondern gleich die ganze Woche. Bei einem Besuch in der Heimat wurde sie von ihren Landsleuten wegen ihres durchorganisierten Urlaubsprogramms verspottet. Bedauert sie ihren erstaunlichen Wandel? »Ich vermisse meine Spontaneität, aber hier in Deutschland brauche ich sie auch nicht. Hier komme ich mit meinem neuen deutschen Stil besser zurecht.«
Dabei werden, so hat sie beobachtet, die typischen deutschen Eigenschaften hier in der Bundesrepublik längst nicht mehr so ausgeprägt und ungehemmt ausgelebt wie in der DDR, in die sie oft aus Ungarn gereist ist. »Da drüben führen die Deutschen ihre Vorurteile, ihre Engstirnigkeit und ihren Ausländerhaß ganz offen vor, während die Bundesdeutschen ihre Eigenschaften nur gebremst rauslassen.«
Das hört sich ja wunderbar an: »Wenn Sie sich in 20 Jahren eine Latte deutscher Eigenschaften angewöhnt haben und die Bundesbürger in 40 Jahren ihr Deutschtum gelockert haben, dann kann das ja mit der nationalen Verankerung nicht so schlimm sein!« Frau Ehrhardt

> »Der deutsche Freiheitsbegriff ist immer nur nach außen gerichtet; er meinte das Recht, deutsch zu sein, nur deutsch und nichts anderes, nichts darüber hinaus.«
> Thomas Mann

schüttelt den Kopf: »Die Westdeutschen haben sich gebremst, sie diskutieren gerne demokratisch, weil es so angesagt ist, aber im Grunde werden die Entscheidungen nach alter Beamtenmanier bürokratisch und autoritär getroffen.«
Es kommt noch herber: »Die Deutschen wollen es gar nicht anders. Sie wollen gar nicht Selbständigkeit entwickeln. Sie sind ungeheuer präzise, wenn man ihnen die Route zeigt. Sie wollen geführt werden.« Nach der Meinung der Lehrerin ist die deutsche Ausbildung in der Schule, aber auch im Elternhaus, nicht darauf ausgerichtet, Kreativität und Individualität zu fördern: »In Deutschland sind Außenseiter unerwünscht, besonders Außenseiter in der Form von Ausländern.«
Aber Frau Ehrhardt, Sie dürfen hier als Ausländerin deutsche Schüler unterrichten!
»Aber ich bin doch kein Außenseiter. Ich habe mich angepaßt, sonst wäre ich längst arbeitslos. Ich bin doch eine typische Deutsche geworden.«
Alles klar. Alles klar?
Vermutlich hatte Nietzsche mit seiner Antwort auf die Gretchenfrage recht: »Es kennzeichne den Deutschen, daß die Frage, was deutsch sei, niemals aussterbe.«

Hartmut Gerecke, Bürokaufmann, 47 Jahre alt, ledig, wohnt in Hamburg

Deutschland, peinlich Vaterland

Wir waren also so schlau wie zuvor. Im Vorspann zur Reportage behalfen wir uns damals mit einer Reihe unbeantworteter Fragen und einer Flucht in die Geisterwelt: »Ist er ein Spießer mit Hang zum Irrationalen? Ein chronischer Fremdenfeind oder ein hoffnungsloser Romantiker? Der ›typische Deutsche‹ ist ein Phantom.« Das war im April 1989.

Nur kurze Zeit darauf trat das Phantom freilich aus der Unterwelt der Sinne und stürzte mit aller Macht an die Weltöffentlichkeit. Nach der tollen deutschen Revolution in der DDR schnappte das Phantom über – und die ganze Welt nach Luft. Es jagte besinnungslos wie ein Tornado um die Erde und lehrte die Menschen von Warschau bis Washington das Fürchten.

Im Heimatland erschien das Phantom als Orgie deutschen Kitsches auf der BILD-Fläche. Die größte deutsche Tageszeitung stellte in ihren Schlagzeilen Deutschland, Deutschland über alles, umrahmte ihre Titelseiten mit schwarz-rot-goldenen Farben und druckte in Dezimeter großen Buchstaben als Hauptnachricht des Tages beispielsweise Gebete wie »Gott schütze unser deutsches Vaterland« oder Gebote wie »Lieb Vaterland, mußt wachsam sein«. Deutschland, peinlich Vaterland.

Doch auch die sogenannte intellektuelle Presse, von der FAZ (sowieso) bis zum Spiegel wurde von dem Phantom gebissen.

Rudolf Augstein las im Fernsehen in Generaloberlehrer-Manier und mit der nasal-kehligen Stimme eines preußischen Offiziers dem hilflosen Günter Grass die Leviten, weil der in all der deutschen Besoffenheit ein bißchen trocken geblieben war.

Gefährlicher als bei den Medien machte sich das Phantom natürlich bei den Machthabern dieses plötzlichen Superlandes breit, und zwar in der Form des altbekannten, deutschen Größenwahns. Bundeskanzleramtsministerialdirektor Teltschik gab bekannt, daß der Schlüssel zur deutschen Einheit in Bonn liege und sonst nirgendwo und prophezeite den »Herren Gorbatschow und Schewardnadse« sibyllinisch, daß sie sich noch wundern würden. Am deutschen Wesen...

Und schon machte sich Heilpraktiker Dr. Kohl an die Arbeit. Trotz Warnungen und Wünschen von Freund und Feind in aller Welt beharrte er gegenüber polnischen Grenzsensibilitäten in urdeutscher Selbstgerechtigkeit und unerschütterlicher Selbstgefälligkeit so stur auf einem formaljuristischen Standpunkt, daß er im gesamten Ausland schon nazibedingte Urängste schürte und in amerikanischen Zeitungen mit Hitler verglichen wurde. Dabei ist er nur ein deutsches Rhinozeros im Meißener Porzellanladen.

Allerdings beruhte Kohls Berufung auf das Grundgesetz durchaus nicht nur deutscher Rechthaberei, sondern zeigte auch einen Mangel an alter deutscher Redlichkeit. Daß er es nämlich mit seinem Grundgesetzvorbehalt gar nicht ehrlich meinte, offenbarte er, als er ihn plötzlich aufgab und statt dessen den Polen für die Anerkennung der Grenze Bedingungen stellte. Das alte deutsche »Üb immer Treu und Redlichkeit« haben unsere Politiker am leichtesten abgeschüttelt.

Was bleibt also vom deutschen Phantom? Nehmen wir »BILD« als die meistgekaufte Tageszeitung, den »Spiegel« als das meistgekaufte Nachrichtenmagazin und Kohl als den meistgewählten Bundeskanzler der Saison, dann sind die Haupteigenschaften des neuen deutschen Phantoms im Winter 1989/90: Kitsch, Selbstgefälligkeit, Größenwahn und Tölpelhaftigkeit.

Menschen auf Abruf

Einige Monate bevor die DDR-Bürger zu Tausenden in die Bundesrepublik kamen, hatte sich die Diskussion um Flüchtlinge und Asylbewerber in westdeutschen Landen wieder einmal zugespitzt. Die Republikaner feierten Wahlkampferfolge mit ihren ausländerfeindlichen Parolen und Werbespots, und die CSU setzte in der Hoffnung auf Wählerstimmen noch eins drauf, als Innenminister Edmund Stoiber dem politischen Gegner, Oskar Lafontaine, vorwarf, er wolle eine »durchrasste« Gesellschaft. Dieses Wort, das an die »Rassenhygiene« der Nazis erinnerte und das sogar dem Republikaner Franz Schönhuber zu weit ging, heizte die Ausländerdiskussion weiter an und veranlaßte uns, »einmal einige der potentiellen Durchrasser« zu porträtieren und ihr Leben in diesem Land zu schildern. Erschienen am 25. August 1989.

Menschen auf Abruf

Die Dame des Hauses serviert Hommus – Kichererbsenpaste mit Olivenöl. Fünf Kinder beobachten gespannt, wie wir die Speise mit Fladenbrot in den Mund schaufeln. Die Mutter erklärt uns das Rezept für die Delikatesse, und der Vater nickt stolz und blickt liebevoll auf die ockerfarbene Creme, als wäre sie ein Stück Heimat. Ein Stück Heimat in der neuen Heimat. Wir sitzen in einem kleinen Wohnzimmer im Westen Hamburgs – bei Familie Chehade. Wir sind Gäste bei Gästen Deutschlands. Die Chehades sind Flüchtlinge, Palästinenser aus dem Libanon.

Wir sind deutsche Reporter, die wieder einmal über die Schicksale von Flüchtlingen im Asylland Bundesrepublik berichten, zum viertenmal in zehn Jahren.

Diesmal wollten wir jeweils einen Vertreter der »Hauptherkunftsländer« (wie es auf einer Liste des Bundesinnenministeriums heißt) kennenlernen. Die Liste wurde im vergangenen Jahr von Polen angeführt mit knapp 30 000 »Personen« (BMI), gefolgt von Jugoslawien (20 000), Türkei (15 000), Iran (8000), Libanon (4200) und Sri Lanka (3400). Inzwischen ist auch für Reporter die Arbeit im »Asylbereich« schwerer geworden. Das Bundesinnenministerium lehnte rundweg jegliche Unterstützung beim Besuch von Wohnheimen ab; warum, erfuhren wir, als wir im Lager Zirndorf nachfragten: Durch die Veröffentlichung von Namen und Bildern von Asylbewerbern »geben sich diese als Feinde ihres Vaterlandes zu erkennen«, und erhielten dadurch einen Anspruch auf Asyl, den sie sonst gar nicht hätten.

In anderen Lagern wurden wir mit scheinheiligen Gründen abschlägig beschieden: Durch die Veröffentlichung würden die Bewerber hier oder ihre Verwandten in der Heimat möglicherweise Racheanschlägen ausgesetzt; jedenfalls keine Besuchserlaubnis. »Sie können natürlich draußen vor der Tür die Leute ansprechen, aber die Neuen können ja noch gar kein Deutsch!«

Schließlich gewährte uns die Landesregierung Niedersachsen Zutritt in das Braunschweiger Verteilungsheim für Neuankömmlinge. Hier aber warnte eine Sozialarbeiterin die zu Interviews bereiten Asylbewerber vor Gefahren für Leib und Leben, falls sie sich fotografieren ließen. Auch in Hamburg weigerten sich die Behörden, uns bei der Vermittlung von Interview-Partnern behilflich zu sein: »Die müßt ihr selber suchen.« Das Thema Asylbewerber ist inzwischen durch die Ausländer-Kampagnen von Republikanern und anderen Rechten ein glühendheißes Eisen geworden, an dem sich niemand den Mund verbrennen will. Es waren schließlich Beratungsstellen für Flüchtlinge, zum Beispiel des Deutschen Roten Kreuzes, sowie einige andere juristische und medizinische Hilfsorganisationen in Hamburg, die zur Zusammenarbeit bereit waren und uns sieben Flüchtlinge aus den Haupteinreiseländern, aber auch aus Afrika (Ghana), Südamerika (Chile) und Bangladesh, vermittelten.

Die Chehades aus dem Libanon leben beispielsweise jetzt seit zehn Jahren hier, »auf Duldung«, wie es amtlich heißt. Als Mohammed Chehade 1979 mit Frau und drei Kindern in die Bundesrepublik kam, hatte er bereits ein 35jähriges provisorisches Leben hinter sich, ein Leben in ewiger Angst und auf endloser Flucht.

Der 1944 in Haifa geborene Palästinenser floh 1948 mit seinen Eltern vor den Israelis, die die alte Hafenstadt besetzten, in den Libanon. Dort wurde Mohammed von einem Flüchtlingslager in das nächste verjagt. Nach dem schweren Massaker, in Tal Zaatar 1976, bei dem 5000 Menschen, darunter 15 Verwandte ums Leben kamen, floh er mit Frau und drei Kindern nach Jordanien, wo er allerdings auch wieder vertrieben wurde. 1979 machte er mit seiner Familie den Sprung in den erhofften Frieden in der Bundesrepublik. Natürlich wurde sein Asylantrag abgelehnt. Krieg im Heimatland gilt in der Bundesrepublik ebensowenig als Asylgrund wie die pauschale Verfolgung ganzer Volksgruppen. So erhalten hier beispielsweise Tamilen aus Sri Lanka prinzipiell kein Asyl, obwohl in ihrer Heimat ganze tamilische Dorfgemeinschaften niedergemetzelt werden. Nach den Regeln der Bundesrepublik würde hier auch ein Jude aus Nazi-Deutschland nicht grundsätzlich Asyl bekommen: Er müßte eine ganz persönliche und konkrete Gefahr und Verfolgung glaubhaft machen. Immerhin erhalten Mitglieder verfolgter Gruppen und Leute aus Gefahrengebieten eine »Duldung«. Sie dürfen bleiben, bis die Gefahr zu Hause vorüber ist.

So lebt die Chehade-Familie – inzwischen sind zu den drei Libanon-Kindern drei weitere in Deutschland geborene dazugekommen – unter einem perversen Damoklesschwert. Geflohen vor dem Krieg, fürchtet er jetzt den Frieden, »den scheinbaren Frieden« in der Heimat, der für ihn Abschiebung bedeutet. Er will nämlich schon wegen der Kinder nicht zurück. Sie haben ihre arabische Sprache verloren, sprechen aber ausgezeichnetes Deutsch: sechs wache, temperamentvolle, selbstbewußte Kinder zwischen 16 und sieben, Klassenbeste in ihren Schulen, die ihre Zukunft für Deutschland planen.

Aber Zukunft und Heimat (welche Heimat?) liegen im Ungewissen. Vater Chehade ist irgendwie immer auf dem Sprung. Wann, wohin, weshalb er springen muß, das weiß niemand. Sein Leben ist auch hier ein Provisorium ohne Perspektive.

Als Geduldeter hat er in diesem Land nur Dritter-Klasse-Rechte, hinter den Deutschen und den Asylberechtigten. Er darf nicht ohne triftigen Grund (Verwandtenbesuche) die Stadt Hamburg verlassen. Er darf sich nicht auf Schulen fortbilden, er darf zwar nach fünf Jahren Arbeitsverbot einen Job suchen, aber eine Arbeitserlaubnis bekommt er erst, nachdem er einen selbst gefundenen Job beim Arbeitsamt gemeldet hat und diesen Job vergeblich den vorberechtigten Deutschen und Asylinhabern angeboten hat. »Auf diese Art kriegst du nie eine Arbeit«, sagt der gelernte Kaufmann, der im Libanon in UN-Büros gearbeitet hat. Die Arbeitsblockade hat inzwischen auch sein Selbstverständnis als Familienversorger zerstört. Die Chehades leben von Sozialhilfe. »Ich hätte lieber weniger, aber selbstverdientes Geld«, sagt er. Seinen traurigen, langen Tag verbringt er hauptsächlich mit Lebensmitteleinkäufen. Da die Familie ausgerechnet in eine Schicki-micki-Gegend einquartiert wurde (»Wir sind die einzigen armen Leute hier«, erzählt die älteste Tochter lachend und umwerfend stolz), hat er weite Wege zum nächsten Aldi, »wo alles nur halb so teuer ist wie in Klein Flottbek.« Nach Vaters Einkaufsmärschen und den Schularbeiten der Kinder verbringt die Familie den Tagesrest mit gemeinsamen Spielen in Haus und Hof. Kinderspielplätze gibt es hier nicht, wozu auch, wo es keine Kinder gibt, »nur eben uns. Die Schulfreunde wohnen alle weit weg.« Aber die könnt ihr doch besuchen. Keine Antwort. Plötzlich wird klar, daß nicht der Vater die Spiele für die Kinder veranstaltet, sondern daß diese dem Vater die Zeit vertreiben müssen.

Die Kinder haben nämlich längst Wurzeln geschlagen. Zumindest die drei jüngsten, in Deutschland geboren, um deren mögliche Zukunft im Libanon sich der Vater sorgt, sind es gerade, die der Familie vielleicht doch den Daueraufenthalt in der abweisenden BRD sichern könnten. Zwar sind sie hier – anders als in den USA und vielen europäischen Ländern – nicht schon durch Geburt Staatsbürger geworden, aber nach einem neuen Einbürgerungsgesetz können sie als Staatenlose eingebürgert werden, wenn sie länger als fünf Jahre in der Bundesrepublik ordentlich gelebt haben. Da Palästinenser nach internationalem Recht als Staatenlose gelten, wären für die drei Jüngsten und folglich auch für die angehörigen Geschwister und Eltern alles in Butter, wenn nicht das Bundesinnenministerium auf den (Abschiebe-)Gedanken gekommen wäre, ausgerechnet den Palästinensern den Status als Staatenlose abzusprechen und ihre Staatsangehörigkeit als »ungeklärt« zu bezeichnen. Über die Berechtigung solcher Kunstgriffe haben bisher verschiedene Gerichte unterschiedlich geurteilt. In Hamburg hat die Ausländerbehörde den Einbürgerungsantrag der Chehade-Kinder zurückgewiesen, aber gleichzeitig »ganz privat« empfohlen, zur endgültigen Klärung der Frage vor den ordentlichen Gerichten zu klagen. Eine neue Galgenfrist für den gebeutelten Chehade, der nach Beobachtungen der Rote-Kreuz-Beratungsstelle in den letzten Jahren »zusehends verkümmerte«.

»Verkümmerung«, der Verlust von Lebensmut und Lebensfreude, verbunden mit Frustrationen, Verzweiflung und den Gefühlen, ein ewiger Verlierer zu sein, ist das Schicksal vieler abgelehnter, aber nicht abgeschobener Flüchtlinge. »Es ist dann nur eine andere Art von Gefängnis, als das, was uns in der Heimat blüht«, sagte einer unserer Gesprächspartner. Oft blüht nicht allein das Gefängnis, sondern Folter und Tod.

Die Menschen auf der langjährigen Warteliste, von der kürzlich in Hamburg beispielsweise ein Türke aus den Abiturprüfungen heraus in die Heimat abgeschoben wurde, wo er prompt im Gefängnis landete, sind außer den »Geduldeten« sehr oft auch Asylbewerber, deren Prozesse sich aus bürokratischen oder formalen Gründen über mehrere Jahre hinziehen. In Wilhelmsburg, einem rauhen, knallharten Hamburger Vorort, treffen wir den Ghanaer Justin Hoedoafia, der seit acht Jahren in Deutschland lebt. Er stammt aus der »Voltaregion«, einem Teil der ehemaligen deutschen Togo-Kolonie, die nach dem Ersten Weltkrieg den Engländern zugeschlagen und nach dem Zweiten Weltkrieg mit der englischen »Goldküste« zu Ghana vereinigt wurde. Wegen manipulierter Volksabstimmungen und dauernder Benachteiligung dieser Region gibt es dort verschiedene Befreiungsbewegungen, in deren einer, der MLVR (»Movement for Liberation of the Voltaregion«), sich der Philologiestudent und spätere Jung-Lehrer Justin engagierte. Er druckte Flugblätter, organisierte Symposien und Demonstrationen, wurde verhaftet und floh schließlich nach Hamburg. Obwohl er dem Bundesamt ein Fahndungsblatt vorlegte, auf dem sein Name unter »Wanted« geführt wurde, lehnte das Bundesamt seinen Asylantrag ab; Grund: Der jetzige Regierungschef Ghanas sei ebenfalls ein Angehöriger des Volta-Stammes »Ewe«, der doch bestimmt nicht »Ewes« (wie Justin) verfolgen würde.

Die Klage gegen den Bescheid wies das Gericht zurück, weil Justins Rechtsanwalt sie nicht unterschrieben hatte. Eine neue Anwältin hat inzwischen über eine höhere Instanz einen neuen Prozeß erzwungen, und Justin steht weiter auf der Warteliste mit Frau und drei Söhnen; der jüngste, der zweijährige Fritz Konrad, wurde in Deutschland geboren. Der Vater, ein ausgebildeter Sprachlehrer, hat inzwischen einen Job gefunden, einen Job, den zuvor ein Dutzend Deutsche abgelehnt hatten: Tellerwäscher in der Kantine einer großen Versicherungsanstalt. Sein Verdienst liegt deutlich unter den 1400 Mark, die er als Sozialhilfesatz für die ganze Familie erhielt.

Besser geht es auf den ersten Blick einem Flüchtling aus Bangladesh, der seit zehn Jahren um seine Anerkennung ringt. Der 1951 geborene Mahbub ul-Alam (sein Name wird von den deutschen Behörden regelmäßig falsch geschrieben, »aber das ist nicht das einzige, das die falsch machen«, sagt er) hatte sich Anfang der siebziger Jahre als Chemiestudent in linken Organisationen und der sozialistischen ISD-Partei an verschiedenen Aktionen (»aber keine Terrorakte«) gegen die

Andrzej Machon, Pole

»rechte Verräter«-Regierung beteiligt. Nach einem Gefängnisaufenthalt kam er 1979 in die Bundesrepublik.

Zwar wurde sein Asylantrag abgelehnt, aber 1981 (damals galt das Arbeitsverbot nur für ein Jahr) begann er als Hilfsarbeiter in einer Hamburger Fabrik für Autodichtungen (knapp zehn Mark Stundenlohn), er ließ Frau und Sohn nachkommen und setzte seine politischen Aktivitäten gegen seine Heimatregierung in der Bundesrepublik fort.

Seine öffentlichen Auftritte gaben ihm das Recht zu einem neuen, sogenannten »Nachfolgeantrag« auf Asyl, über den zur Zeit verhandelt wird. Der Stundenlohn für den zum Maschinenführer Aufgestiegenen ist

einmal ein eigenes Bett und schläft in seiner provisorischen Wohnung auf dem Boden. Die ul-Alams erfüllen alle Pflichten der guten Deutschen, sie zahlen Steuern und Rentenbeiträge, sie erhöhen das Bruttosozialprodukt und sind brave, bescheidene, ordentliche Bürger und wenn sie noch nicht abgeschoben sind, dann leben sie noch heute.

Aber sie leben als Outlaws, denen die natürlichsten Grundrechte wie Freizügigkeit verwehrt sind. Dieses Dasein als Menschen dritter Klasse, ist es, was besonders den alteingesessenen Flüchtlingen in diesem unseren Lande so zu schaffen macht. Da haben die Neuankömmlinge zunächst andere Sorgen. Sprachlos müssen sie sich mit (bestenfalls) genervten, engherzigen und

Kanbiz Ahmari, Iraner

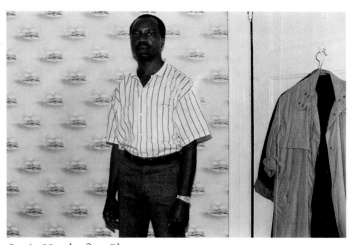

Justin Hoedoafia, Ghanaer

inzwischen auf fast 20 Mark gestiegen; sein 14jähriger Sohn Joy spricht perfekt deutsch und fühlt sich in Hamburg zu Hause.

Die Familie hätte eine weitere Galgenfrist, wenn nicht jetzt der Asylantrag seiner Frau und politischen Mitläuferin, endgültig abgelehnt worden wäre. Sie war vor vier Jahren einmal heimlich, kurz und unbehelligt in die Heimat zurückgekehrt, was ihr die deutschen Behörden übelnahmen.

Als rettender Engel erschien im letzten Augenblick ein Baby, das die Abschiebung zunächst bis zur Reisefähigkeit von Mutter und Kind hinausschob. So leben die ul-Alams weiter auf dem Sprung. Der Vater hat nicht

ungeduldigen Behörden-Menschen auseinandersetzen. Die Hauptprobleme sind Nahrung, also Geld, und Unterkunft. Meist wohnen sie in Sammellagern.

Einen frisch eingetroffenen Polen sprechen wir in einem solchen Wohnheim an. Gemeinsame Toiletten für Flüchtlinge aller Länder sind auf dem Flur. Es stinkt zum Himmel. Andrzej Machon, 37 Jahre alt, ist mit Frau und zwei Kindern gekommen, weil er »die politischen und sozialen Verhältnisse in Polen menschenunwürdig« findet. Der gelernte Schlosser hat sogar eine gutverdienende Spielhalle (mit westlichen Automaten) aufgegeben, »um endlich hier die Freiheit zu genießen«. Er war Mitglied der damals noch verbotenen

»Solidarność«. Sein Vater wurde mit Hilfe von amnesty international aus dem Gefängnis befreit. Natürlich reicht das alles nicht für eine Asylberechtigung; als Pole wird er nicht einmal eine Duldung bekommen. Seine einzige Chance, die er freilich nicht mag, ist die, daß er als Angehöriger seiner Frau hierbleiben darf, falls diese ihre Deutschstämmigkeit nachweisen kann.

Die Aufenthaltschancen des Kurden Osman Dag sind einzuschätzen wie ein Sieg beim türkischen Würfelspiel. Leute wie er, die als Mitglieder der Freiheitsbewegung »Kawa« für ein »unabhängiges, demokratisches Kurdistan« kämpfen und deswegen mit Gefängnis und Folter verfolgt werden, erhalten ihr Asylrecht scheinbar zufällig; es kommt darauf an, welchem entschei-

Mohammed Chehade, Palästinenser

Osman Dag, Türke

den Beamten oder Richter sie zugeteilt werden. Erschwerend kommt bei Osman Dag hinzu, daß er während seines Verfahrens einmal (»frustriert als Nichtstuer«) in die Heimat zurückgekehrt war, um »den Kampf weiterzuführen«, und dabei einen Anhörungstermin verpaßt hat. Inzwischen ist er aus Angst wieder nach Deutschland gekommen, ein Mensch, hin- und hergetrieben zwischen Angst und Frust.

Seinen Tag verbringt er meist im Haus der »Gesellschaft zur Hilfe von Gefolterten und Verfolgten« in Hamburg, einem Interessenverband, der Flüchtlinge nicht nur juristisch unterstützt, sondern Gefolterte und Verzweifelte auch medizinisch betreut. Diese besondere für Gefolterte wichtige Versorgung wird oft schmerzhaft abgebrochen, wenn Neuankömmlinge nach wenigen Wochen gemäß einer Quotenregelung übers ganze Land verteilt werden: teils in Provinzdörfer, deren Einwohner besonders starke Aversionen gegen die Fremden entwickeln, teils in schaurige Lager, deren Leiter den Auftrag haben, den Flüchtlingen die Heimkehr schmackhaft zu machen. So wurde der 33jährige, in Valparaiso schwer gefolterte Chilene Hernandez Cox nach einigen Wochen in Hamburger Betreuung in das berüchtigte Sammelheim Zirndorf in Bayern verfrachtet. In diesem mit Stacheldraht eingezäunten Lager, in dem sich die Insassen beispielsweise ihre Mahlzeiten mit Toilettenreinigen verdienen müssen, fühlte Hernandez Cox sich an die Verhältnisse in chilenischen Gefängnissen erinnert. Ihn quälten Schlaflosigkeit und Alpträume aus der Vergangenheit. Zudem wurde er ausgeraubt und fürchtete sich vor Vergewaltigung durch die Zimmergenossen. Als er zitternd den Lagerarzt aufsuchte, konnte der ihm nicht helfen, weil niemand Spanisch verstand. Der »hochgradig suizidgefährdete Patient« (so seine Hamburger Betreuer) floh schließlich und tauchte illegal bei einer Hilfsorganisation der Hansestadt unter. Motto: Flüchtling flieht aus deutschem Flüchtlingslager und sucht im Untergrund Asyl.

Inzwischen klagt sein Anwalt (von der »Gesellschaft zur Hilfe von Gefolterten«) ein Aufenthaltsrecht für

Hamburg ein und die Zahlung von Sozialhilfe, »damit er zunächst mal nicht verhungert«.

Da hatte das Ehepaar Ahmari aus dem Iran einen besseren Empfang in der Republik. Sie kamen 1986 nach Hamburg, weil hier schon Freunde wohnten, und durften hier auch bleiben. Nach einem Jahr in einem Hotelzimmer erhielt die vierköpfige Familie eine Sozialwohnung im Trabantenvorort Mümmelmannsberg. Beide Eltern stellten Asylanträge wegen politischer Verfolgung im Iran. Beide hatten mit verschiedenen Aktionen das Khomeini-Regime bekämpft, beide haben Geschwister in den Gefängnissen der Revolution verloren. Frau Ahmari macht zudem geltend, daß eigentlich jede Iranerin automatisch Asyl bekommen müßte. In der Iraner Öffentlichkeit beispielsweise ist jede Frau jederzeit dem Zugriff der »Revolutionsgardisten« ausgeliefert. »Du mußt immer beweisen können, daß dein männlicher Begleiter dein Mann, Bruder oder Vater ist.« Frau Ahmari wurde öffentlich gemaßregelt, weil sie zu locker gekleidet war, weil beispielsweise der »Tschador« verrutscht war. Wegen eines solchen Vergehens spritzten die Gardisten einer Bekannten von ihr Säure ins Gesicht. Natürlich reichte eine solche allgemeine Gefahr für jede Frau den deutschen Behörden nicht zur Anerkennung eines Asylrechts aus. Der Antrag wurde abgelehnt; seit zwei Jahren liegt Ahmaris Klage beim Verwaltungsgericht. Frau Ahmari ist inzwischen zwar nicht mehr den »Revolutionsgardisten« ausgesetzt, aber ihr drohen hier andere Gefahren. Im Treppenhaus hat ihr ein Mann an den Busen gefaßt, ihre zehnjährige Tochter konnte in höchster Not aus dem Kleinbus eines Sittlichkeitsverbrechers gerettet werden.

Falls ihr Asylantrag auch vom Verwaltungsgericht abgelehnt wird, werden die Ahmaris vermutlich eine »Duldung« bekommen; dann steht auch ihnen ein Leben wie den Chehades bevor, ein Leben dritter Klasse.

Aber selbst die Asylberechtigung bedeutet keineswegs das Paradies auf deutschen Erden. »Viele Anerkannte fallen erst mal ganz tief«, sagen die Experten von den Beratungsstellen. Die Flüchtlinge haben zwar endlich einen langen Kampf gewonnen. Aber sie müssen jetzt den Staat, der sie nicht wollte, als Vater, mindestens als Partner akzeptieren. Sie müssen jetzt ihr neues Leben organisieren, müssen sich in der noch immer feindseligen Republik endgültig einrichten. »Sie dürfen jetzt zum Beispiel arbeiten, aber sie sind immer noch Ausländer, die nur schwer einen angemessenen Job finden.« Sie sind nur aufgestiegen, von Menschen dritter, zu Menschen zweiter Klasse.

Mahbub ul-Alam, Bangladeshi

Hernandez Cox, Chilene

Was ist aus ihnen geworden?

Für Ausländer haben die Behörden seit Herbst 1989 noch weniger Zeit als früher, »wegen der vielen Aussiedler«. Wegen des Exodus aus der DDR war auch unser Asylanten-Artikel im ZEITmagazin auf die Hälfte gekürzt worden: »Das will doch jetzt keiner lesen.« Über die Kürze waren denn auch die Betroffenen ziemlich enttäuscht, wie uns eine Sozialarbeiterin beim Roten Kreuz verriet, »aber die (bis zu drei Stunden dauernden) Interviews, die haben ihnen viel geholfen«. Denn: »So viel wollte in Deutschland noch nie jemand von uns wissen.«

Mohammed Chehade, der Palästinenser, steht mit seiner Familie noch immer auf der Warteliste. Ein Jahr nachdem er den Antrag auf die Einbürgerung seiner drei, staatenloser, in Deutschland geborenen Kinder gestellt hat, hat er noch keine Antwort vom Ausländeramt erhalten.

Justin Hoedoafia, der Ghanaer, hat am 28. Dezember 1989 endlich eine Aufenthaltserlaubnis bekommen, weil er bestimmte Hamburger Bedingungen erfüllt: Er muß mindestens acht Jahre hier leben, in Deutschland geborene Kinder und einen ordentlichen Arbeitsplatz haben. Justin hat inzwischen seinen Job als Tellerwäscher aufgegeben und ist zum Kantinenverkäufer aufgestiegen, nur Nachtschicht, 2000 Mark netto im Monat.

Mahbub ul-Alam, der Bangladeshi. Seine von Abschiebung bedrohte Frau hat über einen Petitionsausschuß der Hamburger Bürgerschaft »aus humanitären Gründen« eine Aufenthaltserlaubnis für die an einer Leberfunktionsstörung erkrankten Tochter bekommen, die das Ausländeramt aber – drei Monate danach – noch nicht bestätigt hat.

Andrzej Machon, der Pole, wohnt (wohnt?) noch immer mit Frau und Kindern in dem Wohnheimzimmer im Hamburger Osten. Die Bearbeitung seines Antrages dauert in Hamburg etwa ein Jahr. Polnische Asylanträge werden seit der Wende grundsätzlich abgelehnt. Die Menschen werden abgeschoben. Aber Machon hat noch die Chance, daß seine Frau ihre Deutschstämmigkeit nachweisen kann.

Osman Dag, der Türke. Sein Asylantrag wurde im Winter 1989 abgelehnt. Seitdem ist Osman verschwunden; zurückgekehrt in die Heimat oder untergetaucht in der Bundesrepublik. Seine Freunde wissen es nicht oder sagen es nicht.

Hernandez Cox, der Chilene. Seinem Antrag, bis zur Entscheidung über seine Asylberechtigung in Hamburg bleiben zu dürfen, wurde vom Oberverwaltungsgericht stattgegeben. Begründung: Wegen eines schweren Foltersyndroms braucht er die Hilfe von Freunden, die in Hamburg leben. Inzwischen hat sich sein Gesundheitszustand stabilisiert. Seine Chancen auf Asyl sinken derweil, wegen der zunehmenden Normalisierung der Verhältnisse in Chile.

Kanbiz Ahmari, der Iraner. Obwohl ein Hamburger Gericht am 10. Oktober 1989 ihn als Asylberechtigten anerkannte, hat er bisher, ein halbes Jahr später, noch immer keine schriftliche Bestätigung, geschweige einen Paß, erhalten. Deshalb wiederum wird ihm weiterhin eine Arbeitserlaubnis verweigert. Die Behörden vertrödeln sein Leben. Sein Anwalt: »Die übliche Schweinerei.«

Prinzen, Kölsch und lecker Mädscher

Alle Jahre wieder kommen das Christuskind und der Karneval in die Redaktionen, wobei man sich in Hamburg schon bei der Erwähnung des letzteren angewidert schüttelt. Machen wir was zum Karneval, mal was so richtig Negatives? fragt jemand. Vielleicht mal eine Reportage über eine Turnhalle, in die am Rosenmontag die Besoffenen zur Ausnüchterung gebracht werden. Keiner will. Der Chef, der gerade von einem zweijährigen Köln-Intermezzo zurückgekommen ist, würde gern mal was über die Arbeit des Kölner Dreigestirns in der Vorrosenmontags-»Session« lesen. »Die lassen ihren Job einfach links liegen und tollen nur herum.« Und: »Das wär doch was für Sie, Wolfram.«
Und ob. Das lassen wir uns nicht zweimal sagen. Dirk Reinartz und ich sind beide (zumindest teilweise) im Rheinland aufgewachsen, haben längere Zeit in Köln verbracht und haben auch in den letzten Jahren Reportagen gern über Köln umgeleitet, um bei Päffgen oder Früh ein (oder zwei) Kölsch zu schlucken. Also.
Erschienen am 3. Februar 1989.

Prinzen, Kölsch und lecker Mädscher

Verfolgungsjagd in Köln. Mit 120 über die Mülheimer Brücke, mit 110 am Konrad-Adenauer-Ufer; am Hauptbahnhof wischen wir bei Rot über eine Kreuzung; an der Ecke Komödienstraße/Tunisstraße quietschen die Reifen; Spurwechsel mit 130, ein Porsche wird nach links weggedrückt. Zwei Polizisten sehen der Raserei stirnrunzelnd zu, ohne sich zu rühren.
Wir verfolgen die Jungfrau. Wir kleben am Heck einer weißen Limousine, Aufschrift »Jungfrau«.
Nein – wir sind nicht die Stuntmen eines Krimis, den etwa der WDR gerade dreht, sondern Teilnehmer eines verdammt realen Geschehens in der Bundesrepublik 1989: Wir begleiten das Kölner Dreigestirn bei seiner Arbeit.
Das Dreigestirn regiert dieser Tage die Stadt Köln: Prinz, Bauer und Jungfrau haben den Auftrag, »Frohsinn in de Kölsche Säle« (oder Seele?) zu bringen, wie es Prinz Peter VII. ausdrückt.
Am Dreikönigstag hat das Dreigestirn bei der »feierlichen Prinzenproklamation« im altehrwürdigen Traditionssaal des Kölner Gürzenich aus der Hand des echten sozialdemokratischen Oberbürgermeisters Norbert Burger die Macht und die Rathausschlüssel übernommen. Unter dem jubelnden »Alaaf« aus 1250 Kehlen werden Prinz, Bauer und Jungfrau als die »Heiligen Drei Könige« willkommen geheißen. Schließlich sind ihre Kostüme, auch die des Bauern und der Jungfrau (die sogar eine Krone trägt), so aufwenig und wirken so vornehm, daß sogar der Papst auf einer Sonderaudienz 1983 das damalige Dreigestirn mit den Worten begrüßte: »Ihr seht ja aus wie die Heiligen Drei Könige.« Während der Prinz tatsächlich einen Herrscher symbolisieren soll, sind Bauer und Jungfrau eigentlich allegorische Repräsentanten der Bürgerschaft. Der Kölner Bauer wurde schon 1422 in einem Gedicht erwähnt, als Köln neben Regensburg, Salzburg und Konstanz die »Reichsbauernschaft« vertrat. Seit 1570 ist dem Bauern die Kölner Jungfrau an die Seite gegeben, den Karnevalsforschern Max Leo Schwering und Peter Fuchs zufolge ein »Symbol der unversehrten und freien, kei-

Bauer

nem fremden Machtwillen unterworfenen Stadt«. Die Jungfrau wurde in früheren Jahren mit »Vivat Colonia Agrippina« begrüßt und vermutlich mit Agrippina, der in Köln geborenen römischen Kaiserin (50 n. Chr.), identifiziert. Sie verkörpert die »Frau im Haus«, »die Mutter der Stadt«. Daß die Mutter als Jungfrau gefeiert wird, ist ja in der katholischen Welt nichts Ungewöhnliches.
Bauer und Jungfrau sind jedenfalls prachtvoll gekleidet, und die Jecken, die für 115 Mark pro Nase an der Proklamation im Gürzenich teilnehmen, nicht minder. Smoking, Fräcke und teuerste Abendkleider sind angesagt: Karneval der oberen Tausend. Als sie alle das herr-

liche Lied »Blootwosch (Blutwurst), Kölsch (Bier) und lecker Mädscher« anstimmen, die der Kölner angeblich braucht, um wirklich glücklich zu sein, lügen sie sich allerdings in die Tasche.
Hier im Gürzenich gibt es statt Blutwurst nur edellangweilige Steaks, statt Kölsch nur Sekt und Kalte Ente und statt lecker Mädscher eher brave Ehefrauen.
Am allerwenigsten ist die Jungfrau ein lecker Mädsche. Im Gegenteil: Sie ist ein Mann. Und das hat Tradition, weil Frauen angeblich den Dauerstreß der Karnevalsherrschaft nicht durchstehen können. Nur unter den Nazis, denen selbst jede närrische Verbindung zum Transvestitentum zuwider war, gingen, 1937 und 1938, zwei Kölnerinnen als Jungfrauen durch.

der Hotelmanager schnell geschlagen gab; ist die Niederlage doch ein Sieg für den Karneval und auch für die PR-Abteilung. Statt Geld gibt es Orden, die das Hotelpersonal auch, wie es sich in Köln gehört, an der Brust trägt.
Die Herren des Dreigestirns nebst Prinzenführer wohnen luxuriös in Einzelzimmern, während die drei Adjutanten, Vertreter der Prinzen- und Ehrengarde, sich ein Zimmer teilen müssen. Der Kleinste muß im Kinderbett schlafen, allerdings nächtens nicht mehr als drei bis vier Stunden.
Wir dürfen im Hotel der wundersamen Verwandlung vom reifen Mann, 45 Jahre alt, zur Jungfrau beiwohnen. Wir treffen »Ihre Lieblichkeit« noch im grauen

Jungfrau

Prinz

Nach diesem Spuk aber schlüpften wieder Männer in die Jungfrauenrolle. Meist waren und sind es gutverdienende und altgediente Karnevalsmänner, die sich den Spaß zigtausend (Prinz: etwa 70 000) Mark kosten lassen, nebst mehreren Wochen unbezahltem Urlaub. In diesem Jahr heißt »Ihre Lieblichkeit« Josefa, laut Paß Josef Beck, Krankenhausdirektor und Geschäftsführer des Bundes Deutscher Hirngeschädigter.
Das Dreigestirn hat während der Session Heim und Haus verlassen müssen und die Hofburg besetzt – was freilich ganz prosaisch eine Suite im Hotel »Inter-Conti« ist. Die neuen Herrscher eroberten diese Burg in einem mittelalterlichen Scheingefecht, in dem sich

Nadelstreifen, während der Adjutant schon die rotweißen (Damen-)Schuhe und die Krone putzt. Josef Beck erledigt noch einige geschäftliche Gespräche am Telefon: Einem Partner teilt er das Geheimwort mit, ohne dessen Kenntnis kein Anrufer von draußen zu ihm durchgestellt wird. Dann läßt er uns wissen, daß er demnächst von einer Kölner Bank einen Scheck über eine fünfstellige Summe für sein Kuratorium erhalten wird, den er zusammen mit der Kuratoriumsvorsitzenden Hannelore Kohl in Empfang nehmen wird – »ich habe heute schon mit Hannelore gesprochen«, von Jungfrau zu Frau. Kölner Klüngel mit Bank und Bonn – aber für einen guten Zweck, ist doch klar. Mittlerweile

119

Er kam, sah gut aus und siegte.
Fest-Sitzung in den Sartory-
Sälen. An Wochenendabenden
während der »Session« besucht
der Prinz mit seiner Equipe bis
zu 20 Veranstaltungen und
treibt sie zu ihrem Höhepunkt.

122

Von den Sartory-Sälen jagt das Dreigestirn zum Zelt auf dem Neumarkt, wo die »Alt-Kölner« Jecken schon vormittags aus dem Häuschen sind – nach zehn weiteren Stopps landen Prinz und Co. in einer Eisenbahnerhalle im Vorort.

In der Philharmonie huldigt das Volk seinen Tollitäten, die gekommen sind, um dem Super-Kölner Millowitsch zum 80. Geburtstag die Ehre zu erweisen. Danach wird das Prinzenkostüm vom Adjutanten zurechtgerückt.

Der Gürzenich ist der Palast des
Kölner Karnevals. Hier treffen
sich die oberen 10 000 Narren.
Und das Dreigestirn ist jedesmal
dabei – von der
Prinzenproklamation bis zum
Aschermittwoch.

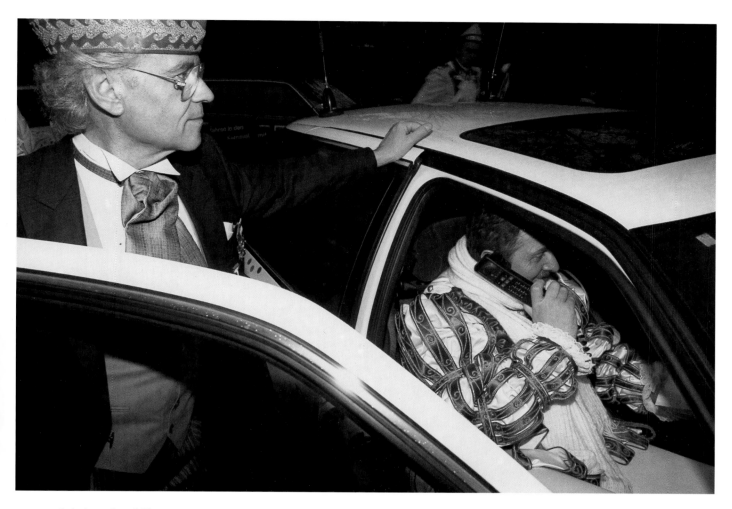

Um pünktlich und wohlfrisiert zu seinen Terminen zu kommen, steht dem Prinz ein ganzer Troß von Helfern zur Verfügung: Adjutanten, Fahrer, Haar-Stylisten, etc. Hand legt er nur an, wenn er telefoniert, und zwar geschäftlich.

Vor dem Einzug bei den Blauen Funken.

steht Josef Beck in Unterhosen da und prophezeit: »Jetzt wird's spannend.«

Über das Männerunterhemd zieht er ein Leibchen, einen üppigen Büstenhalter mit zwei Schaumgummibrüsten; den Höhepunkt formen und zieren zwei blaue Glasknöpfe aus Straß. Dieses Meisterwerk wird verhüllt mit einem Spitzenunterkleid und endlich dem prächtigen, leuchtenden, rotweißbestickten Gewand, das über dreißig Pfund wiegt. Beim Einstieg von oben muß der Adjutant das gute Stück halten. Diese genau vorgeschriebene Kostümierung hat Josef Beck selber zu berappen.

»Wieviel?« – »Da darf man keine halben Sachen machen«, antwortet die Jungfrau diplomatisch und erklärt uns Nordlichtern: »Im Dreigestirn zu sein, das ist das Größte für einen Kölner.« Die Stars dürfen die Kostüme zwar nach der Session behalten, aber nie mehr anziehen. Josef Beck wird sein Gewand zu Hause über einen stummen Diener hängen und unter einer Plexiglashaube in seiner Hausbar aufstellen.

In der Hotelsuite wieseln außer den Stars und den Adjutanten noch Ehefrauen und Töchter herum, außerdem ein Schneider, der an dem Anzug des Prinzen etwas ausbessern muß. Selbst ein Friseur ist da, der das Dreigestirn putzt wie vor einem Fernsehauftritt. Er wird auch später bei den Auftritten in Sälen und Hallen dabeisein und letzte Hand anlegen. Er schminkt die Jungfrau so, daß sie nicht »zu weiblich« wirkt, Bartstoppeln sollen ruhig bleiben. »Ihre Lieblichkeit« soll sich nicht in ein »lecker Mädsche« verwandeln, in das irgendein Jeck womöglich mal reinfaßt.

Zum Schluß – das ganze Anziehen dauert eine knappe Stunde – drückt der Adjutant seiner Jungfrau und Meisterin die blonde Perücke auf den Kopf, und los geht es. Es fährt los. Der Konvoi besteht aus vier weißen Limousinen, in denen Prinzenführer, Prinz, Bauer und Jungfrau nebst ihren Adjutanten und Fahrern sitzen. Dahinter folgen drei Kleinbusse mit der Prinzenwache, einem Dutzend Karnevalisten des Traditionskorps »Prinzengarde«. Die Wagen stellt ein Kölner Autohersteller den Narren zur Verfügung, und zwar »gern«, wie der Vorstandsvorsitzende des Werks in einer Karnevalsrede bei der festlichen Übergabe betont. Der Prinz

Traditionell wird die Kölner Jungfrau von einem Mann dargestellt – in diesem Fall von Krankenhausdirektor Josef Beck. In der »Hofburg«, einer Hotelsuite, wo er während der Session fern der Familie lebt, hilft ihm der Adjutant beim Einstieg in das 30 Pfund schwere Kostüm.

bei Kaffee und Kuchen mit Klatschmarsch und Kölle Alaaf. Der Präsident lobt die »begeisternde« Prinzenproklamationsrede vom Vorabend, besonders weil sie endlich im Gegensatz zu den Vorjahren wieder einmal frei gehalten wurde.

Der Prinz begrüßt die Gemeinde mit einem trockenen Understatement: »Fastelovend zusamme«, lobt die »tolle Stimmung« zu dieser frühen Tageszeit, »unserem ersten Auftritt in dieser kurzen Session, die wir aber um so heftiger feiern müssen. 300 Auftritte in vier Wochen.« Und weil sie nicht alle alten Leute besuchen können, werden er und seine Mitstreiter 1500 alte Menschen aus den Heimen zu Kaffee und Kuchen und Millowitsch einladen, und zwar, da das Motto »Wir machen Musik met vill Harmonie« heißt, in die Philharmonie. Tusch und Jubel.

Kölle Alaaf und eine dreifache Rakete. »Wir müssen wigger.« Schnell. Die Jungfrau stürzt auf der Bühnentreppe, steht aber gleich wieder auf. Die Wagen quietschen aus der Tiefgarage und jagen los. Ziel ist ein Zelt am Neumarkt, wo die Narren bereits auf Hochtouren sind. Rosenmontagsstimmung am 7. Januar. Tausend verkleidete und bemalte Jecken singen, schunkeln und klatschen. Ein Fest in Dur und Doll. Fotograf Dirk Reinartz wird in eine Polonaise gepreßt und knipst, die Kamera im Schunkeldschungel schwingend.

Fotos im Dreivierteltakt. Hier fließt Kölsch statt Kaffee. Der Prinz wird auch hier wieder wegen seiner

bedankt sich artig und beteuert, daß er sich in dem Sponsorwagen schon so wohl fühle wie in seinem eigenen Bentley.

Der Prinzenführer bestimmt, daß die beiden Journalisten, »damit Sie uns nicht verlorengehen«, zwischen der Jungfrau und dem ersten Bus fahren sollen. Wir sollen ganz eng am Heck der Jungfrau bleiben und uns auch nicht von eventuell roten Ampel trennen lassen. Von den Ausschlägen der Tachometernadel will ich lieber schweigen: Jedenfalls schießt die weiße Autoschlange in wenigen Sekunden in die Parkkeller der Sartory-Säle. High-noon. Sitzung für ältere Mitbürger der Großen Allgemeinen KG (Karnevalsgesellschaft) von 1900. Die älteren Mitbürger bejubeln das Dreigestirn

Proklamationsrede vom Vorabend gerühmt, vergreift sich angesichts dieses Jubeltrubels in den Metaphern und sagt: »Im Vergleich zu diesem Zelt erscheint mir der Gürzenich wie eine Frikadellenbude.« Das Zelt dröhnt, als hätte der 1. F.C. das Siegestor geschossen.

Und schon geht's weiter. Die weiße Flotte des Prinzen ist mit Funksprechgeräten ausgerüstet, mittels derer sich die Insassen über das nächste Ziel, die nächste Route oder die nächste Pause absprechen. Geht ein Fahrzeug im Gedränge verloren, wird der Fahrer per Funk in die Kolonne zurückgeleitet. Nur wir Funklosen, die nie wissen, wo es hingeht, hängen auf Gedeih und Verderb an den Rockschößen der Jungfrau. Wir schwimmen durch Köln wie auf einer Odyssee im Narrenschiff.

Die Kolonne stoppt vor einer schlichten Kneipe. Wir treten unangemeldet ein. Sofort erheben sich die Trinker von ihren Plätzen, klatschen und singen, die Wirtin ruft ihren Kellnerinnen zu: »Alles, was die verzehren, geht auf meine Rechnung.« Wir sind immerhin 25 Leute.

Es gibt drei Runden Kölsch und Frikadellen; Cola für die Fahrer. Das Dreigestirn trinkt Ginger Ale. Der Prinz, im Privatleben ein Importeur von Hi-Fi-Geräten, und der Bauer, Geschäftsführer einer Supermarktkette, trinken nie Alkohol; die Jungfrau schluckt immerhin viermal im Jahr ein Glas Wein – ausschließlich bei Familienfesten.

Nach einem weiteren Tiefflug durch die Stadt – Dirk Reinartz fängt an, die anarchistische Fahrerei zu genießen – landen wir in den Riehler Heimstätten, einem der größten Altersheime unseres Landes. Hier veranstaltet die Narrengilde eine Nachmittagssitzung für die Heimbewohner, die im Schnitt noch zwei Dekaden älter sind als jene Herrschaften in den Sartory-Sälen. Einzug mit Gesang und »standing ovations«. Die alten Männer, zum Teil in den Neunzigern, stehen stramm wie preußische Soldaten, strammer als unsere Wachmänner von der Prinzengarde, die wegen ihrer beigen Uniformen, aber wohl auch wegen ihrer gleichmütig hängenden Haltung »Mehlsäcke« genannt werden. Im Gegensatz zu den strammen Männern drehen sich die

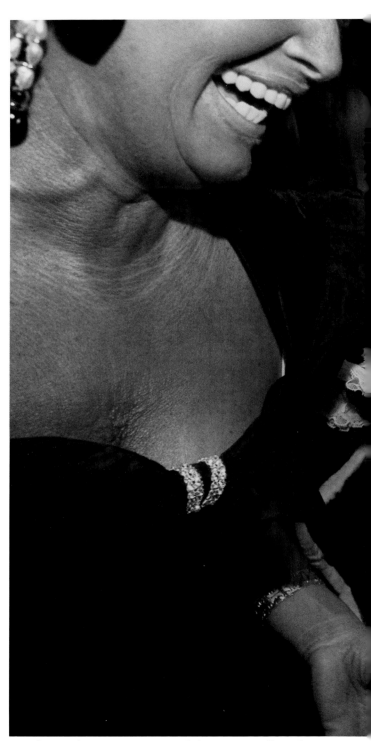

Empfang in der Oper zum 150. Jubiläum von Stollwerck.

Auf einem »Herrenabend« der »Narrengilde« binden die Adjutanten ihren Herren vor dem Essen Lätzchen um den Hals. Ein junges »Tanzmariechen« legt ein saftiges Solo aufs Parkett. Anschließend geht's wieder in die Vorstadt.

alten Damen im Kreise, schwingen Köpfe und Arme im Takt und singen aus vollem Hals und mit leuchtenden Augen. Sirenen in Köln.

Die alten Leute blühen auf, als wäre der Karneval ein Jungbrunnen. Jedenfalls bedeutet er vielen hier mehr als Weihnachten und Geburtstage. Eine alte Dame läßt strahlend ihr Leben an Karnevalsfeiern Revue passieren: Sie erzählt von ihren Kinder-, Knutsch- und Kriegskarnevalstagen, bis hin zum Fastelovend in den Trümmern des Nachkriegs-Kölns.

Sie erzählt mit blitzenden Augen, während der viel jüngere Präsident auf der Bühne mit einer getragenen, ernst-feierlichen Rede den Prinzen begrüßt. Dieser freilich läßt sich auf den würdevollen Stil nicht ein, sondern heizt die Stimmung mit seinen enthusiastischen Frohsinnsparolen heftig an.

Hier erntet sogar sein Witzchen, das sonst meist ins Leere schießt, Beifallsorkane: »Wir haben die letzte Nacht lang geschlafen – 120 Minuten.« Auf schlitzohrige Weise variiert und würzt er sein eher mageres Rederepertoire je nach Saal und Publikum, sei es im Gürzenich, sei es in einer Schulaula oder einer Werkskantine. Tatsächlich erzählt er die gleichen Fakten über seine Aufgaben, Wünsche und Ziele mit häufig wechselnden Pointen, oft auch mit speziellen Zusätzen. Wenn er in einer Fabrikhalle vor Eisenbahnarbeitern seine »Schwerstarbeit« rühmt (300 Auftritte in nur vier Wochen), fügt er spontan an: »Und was Schwerstarbeit ist, das wißt ihr am besten.« Volltreffer.

Anschließend beim »Verein der Beamten des gehobenen Dienstes der Bundesbahn e.V.«, die sich vornehm und sehr geordnet im Börsensaal versammelt haben, wiederholt er den Schwerstarbeiter-Zusatz, diesmal mit ironischem Unterton. Trotz des Tuschs rühren sich nur wenige Hände. In Zukunft wird er auf diesen Spruch verzichten.

Erstaunlicherweise wechselt der Prinz von Auftritt zu Auftritt nicht nur die Metaphern, sondern auch den Kölschen Dialekt und die Fakten. Aus den 120 Minuten, der Schlafzeit der vergangenen Nacht, werden manchmal 125, 220 oder plötzlich 10 Minuten oder auf

Kölsch auch »180 Minutte«. Warum macht er das? »Die Zahlen sind doch völlig egal«, meint Karnevalskenner Dirk Reinartz.

Wir erleben auch einen traurigen Auftritt, und zwar ausgerechnet auf einer Sitzung beim Mutterverein des Prinzen und der Jungfrau, den »Fidelen Zunftbrüdern«. Die Karnevalsgesellschaft wird in diesem Jahr 70 Jahre alt und durfte deshalb das vollständige Dreigestirn der Session stellen. Als Bauern nominierte der Klub einen Mann, der sich gleichzeitig um einen CDU-Ratssitz bei den diesjährigen Kommunalwahlen bewirbt. Da aber ein gehobener Karnevalsjeck in Köln auch bei der politischen Machtverteilung besonders gute Chancen hat,

»Kölsche Mädscher könne bütze...«, heißt es in einem Karnevalslied. Nicht nur die Mädscher.

attackierten die örtlichen Zeitungen die geplante Doppelkarriere des Bauern und erreichten den Rücktritt des Mannes – als Bauer.
Die ehrenvolle Rolle erhielt ersatzweise Franz Schmitz von der »Ehrengarde«. Dies bedauert nun der Präsident der »Fidelen Zunftbrüder« auf der öffentlichen Sitzung mit dem Wort »Scheißpolitik«. Dem resignierten Bauern fließen öffentlich die Tränen über die Narrenbakken, und der Prinz tröstet resolut: »Net kriesche!« Nicht weinen!
Zum letzten und elften (der Prinz spricht bereits vom fünfzehnten) Auftritt dieses Tages geht es ins »Holiday Inn«, wo Willy Millowitsch seit Mitternacht mit Freunden seinen 80. Geburtstag feiert. Aber auch unter Genscher, Biolek, Elke Heidenreich, Toni Schumacher und Heidi Kabel aus Hamburg ist unser Prinz der Star, der vom zu Tränen gerührten Jubilar geherzt und geküßt wird – nicht nur Kölsche Mädscher könne bütze.
In den frühen Morgenstunden fahren wir zurück in die Hofburg, wo ich noch im Schlaf hinter einem weißen Wagen mit der Aufschrift »Jungfrau« weiterfahre, bevor es nach 120, 180 oder 220 Minuten wieder weitergeht.
Zunächst sausen wir in eine Schule zum Kinderdreigestirn. Unser Prinz begrüßt sein zehnjähriges Mini-Pendant (im gleichen Gewand) mit großem Kompliment: »Neben dir sehe ich ganz alt aus«, und beneidet den Jungprinzen, weil er eine »echte Jungfrau« neben sich hat, ein neunjähriges Mädchen.
An echten Frauen aber kann sich der Prinz nicht nur auf den reinen Damensitzungen erfreuen, sondern auch auf sogenannten Herrenabenden. Auf einem Empfang der Narrengilde etwa springt ein 14jähriges Mädchen mit nackten Beinen und Spitzenhöschen ein Solo vor, das den ernst starrenden Jecken die Sprache verschlägt. Der Prinz kriegt ein Bützchen auf die Schnüß.
In den berühmten Rednermund des Prinzen wird dann am Nachmittag in der Philharmonie das erste Stück der Geburtstagstorte von Millowitsch persönlich reingeschoben. Am Abend bekommt der Prinz in der Oper der »Süßen Hauptstadt Deutschlands« (Oberbürgermeister Burger) massenweise Pralinen zum 150. Geburtstag der Schokoladenfabrik Stollwerck. Regelmäßig bedankt er sich mit der Verleihung des Dreigestirn-Ordens, einem güldenen Prachtexemplar, das unter Liebhabern nicht unter 300 Mark gehandelt wird und das er am Ende sogar uns »für gutes Fahren und vorbildliches Journalistenverhalten« mit einem dreifachen »Kölle Alaaf« um die Hälse nestelt.
Kölle a laaf you.

Auszug. Nach einer Kindersitzung in einer Ehrenfelder Schule.

Nachspiel

Die Reportage erschien pünktlich zu Weiberfastnacht, und am Aschermittwoch war eigentlich alles vorbei. Die stolzen Orden hingen im Schrank – darunter auch Dirks besondere Auszeichnung, die er vom Prinzenführer persönlich »für ausgezeichnetes Fahren hinter der Jungfrau« erhalten hatte.
Am Aschermittwoch aber war nicht alles vorbei. Es begann das Nachspiel. Zunächst wurden wir nur in bösen Leserbriefen wegen der unerlaubten und gefährlichen Raserei gerügt und beschimpft. Einige empörte Leser begnügten sich freilich nicht mit der gelben Karte, sie zogen Rot.
Am 17. Februar erstattete Frau Helga R. Anzeige »gegen die Fahrer des Dreigestirns des Kölner Karnevals« wegen »Nötigung im Straßenverkehr, Überschreitung der zulässigen Höchstgeschwindigkeit und Überfahren einer LZA bei Rotlicht«. In diesem Verfahren wurden wir als Zeugen benannt, mein Text diente als Beweismaterial gegen die Berufsfahrer.
Damit nicht genug erhielt ich einen Tag später selber eine Strafanzeige, die ein Herr Dr. Burckhard Sch. aus Schleswig erstattete. Er beschuldigte mich fünf einzelner Delikte.
1. Überschreiten der zul. Höchstgeschwindigkeit um mehr als 60 km/h auf der Mülheimer Brücke.
2. Überschreiten der zul. Höchstgeschwindigkeit um mehr als 30 km/h (Konrad-Adenauer-Ufer).
3. Nichtbeachten des Rotlichts einer Verkehrssignalanlage am Hauptbahnhof.
4. Behinderung eines Pkw-Porsche, welcher nach links »weggedrückt« wurde (Komödienstr./Tunisstr.).
5. Nichteinhalten des erforderlichen Sicherheitsabstandes zu einem vorausfahrenden Fahrzeug.
Die Staatsanwaltschaft stellte die Verfahren ein.
Wir versprechen aber: Bei unserer nächsten Reportage über den Kölner Karneval werden wir langsam fahren. Bei der nächsten Reportage über »Typische Deutsche« werden wir Frau R. und Herrn Dr. Sch in unsere Liste aufnehmen.

Reportagen von Wolfram Runkel und Dirk Reinartz im ZEITmagazin

Von Tür zu Tür im Hochhaus
(Porträt eines Wohnbunkers)
Nr. 9, Februar 1983, Seite 30–39*

Das stille Ende
(Leben in Schnackenburg)
Nr. 17, April 1983, Seite 36–42*

Zurück in Izmir – was nun?
(Schicksal türkischer Rückwanderer)
Nr. 50, Dezember 1984, Seite 10–20, 66–69

Ich bin kein Bauer mehr
(Landwirte, die ihren Hof aufgeben mußten)
Nr. 26, Juni 1986, Titel, Seite 12–22, 54, 55

Besonderes Kennzeichen: Deutsch
(Menschen gleichen Berufs in den Patenstädten Jena und Erlangen)
Nr. 9, Februar 1987, Titel, Seite 8–20, 62*

Tatort Mümmelmannsberg
(Situation Jugendlicher in einer Trabantenstadt)
Nr. 52, Dezember 1987, Seite 14–20, 44–49*

Menschen sind nicht aus Stahl
(Die Saga einer Stahlarbeiter-Familie in Rheinhausen)
Serie 3 Folgen
Titel Nr. 8, Februar 1988, Seite 12–26
Nr. 9, Februar 1988, Seite 26–34, 84, 85
Nr. 10, März 1988, Seite 62–76

Deutschland, deine Polen
(Situation polnischer Übersiedler in der Bundesrepublik)
Nr. 50, Dezember 1988, Seite 42–57

Prinzen, Kölsch und lecker Mädscher
(Mit dem Kölner Dreigestirn unterwegs)
Nr. 6, Februar 1989, Seite 10–19*

Deutschland, deine Deutschen
(Über Leute, die sich selbst für »typisch deutsch« halten)
Nr. 18, April 1989, Titel, Seite 10–27*

Sommersonntag in Berlin
(Drei Kulturen, drei Gesichter einer Stadt)
Nr. 29, Juli 1989, Seite 8–13

Menschen, die auf Abruf leben
(Situation von Asylanten in der Bundesrepublik)
Nr. 35, August 1989, Seite 10–16*

Neue Heimat, Ost
(Übersiedler aus der BRD in die DDR)
Nr. 44, Oktober 1989, Titel, Seite 6–18

Weltschmerz ist lustig
(Portrait von Ray Davies und den »Kinks«)
Nr. 6, Februar 1990, Seite 26–29

* In diesem Buch abgedruckt

Dirk Reinartz wurde 1947 in Aachen geboren. Er ist freier Bildjournalist und lebt in Buxtehude.

Wolfram Runkel wurde 1937 in Hagen geboren. Er ist Reporter beim ZEITmagazin und lebt in Hamburg.

Von Dirk Reinartz ist im Steidl Verlag bereits erschienen: **»Kein schöner Land. Deutschlandbilder«** (mit Texten von Norbert Klugmann und Christian Graf von Krockow). Vorankündigung: **»Bismarck. Vom Verrat der Denkmäler«** zusammen mit Christian Graf von Krockow erscheint im Februar 1991 im Steidl Verlag, Göttingen.